Estratégia empresarial

Brian Tracy

Estratégia empresarial

EDITORA HÁBITO
Avenida Recife, 841 — Jardim Santo Afonso — Guarulhos, SP
CEP 07215-030 — Tel.: 0 xx 11 2397-1019
contato@editorahabito.com.br — www.editorahabito.com.br
/editorahabito @editorahabito

ESTRATÉGIA EMPRESARIAL

Originalmente publicado em inglês sob o título:
Business strategy

Todas as citações foram adaptadas segundo o Acordo Ortográfico da
Língua Portuguesa, assinado em 1990, em vigor desde janeiro de 2009.

As opiniões expressas nesta obra refletem o ponto de vista de seus autores
e não são necessariamente equivalentes às da Editora Hábito ou de sua equipe editorial.

Os nomes das pessoas citadas na obra foram alterados nos casos
em que poderia surgir alguma situação embaraçosa.

Todos os grifos são do autor, exceto quando indicado o contrário.

Editora-chefe: Sarah Lucchini
Tradução: Marsely De Marco
Revisão de tradução: Paulo Peres
Revisão de provas: Rosalice Gualberto e Jaqueline Angelica
Coordenadora de design gráfico: Claudia Fatel Lino
Projeto gráfico e diagramação: Willians Rentz
Capa: Willians Rentz

1. edição: fev. 2025

Dados Internacionais de Catalogação na Publicação (CIP)
(Câmara Brasileira do Livro, SP, Brasil)

Tracy, Brian
Estratégia empresarial / Brian Tracy. -- São Paulo : Editora Hábito, 2025.

Título original: *Business strategy*.
ISBN 978-65-84795-37-2
e-ISBN 978-65-84795-38-9

1. Administração 2. Estratégia empresarial 3. Gestão empresarial I. Título.

24-244028 CDD-658.4012

Índices para catálogo sistemático:

1. Estratégia de gestão e organização empresarial : Administração 658.4012
Aline Graziele Benitez - Bibliotecária - CRB-1/3129

SUMÁRIO

INTRODUÇÃO

TODOS NÓS PASSAMOS POR momentos decisivos em nossa vida, depois dos quais nada permanece como antes. Quando eu tinha vinte e poucos anos, deparei-me por acaso com o tema *metas*, e em trinta dias minha vida mudou.

Ao longo dos anos, estudei metas e aprendi como eram importantes tanto para o sucesso empresarial quanto para o pessoal. Uma das descobertas que me surpreenderam foi saber que menos de 3% das pessoas em todos os níveis e setores de negócios têm objetivos claros, específicos, escritos e com prazos estabelecidos para suas vidas; e neles trabalham diariamente.

Quando comecei a implementar o estabelecimento de metas em minha própria vida, e a experimentar as mudanças notáveis que trabalhar com objetivos claramente definidos podem trazer, interessei-me pelo assunto *estratégia*, em especial por estratégia empresarial, que realmente quer dizer o *estabelecimento de metas empresariais*. Por muitos anos, estudei os principais generais militares da História e a forma como usaram o pensamento estratégico para alcançarem vitórias extraordinárias, contra todas as probabilidades.

Nas últimas três décadas, trabalhei com mais de mil das maiores corporações do mundo, e mais de dez mil pequenas e médias empresas. O planejamento estratégico é um tema que me fascinou, sobretudo por seu potencial de causar um impacto em organizações de qualquer tamanho.

O que descobri foi que a maioria das empresas não tem nenhum planejamento estratégico. O que elas têm é orçamento, projeções de vendas e planos operacionais, juntamente com esperanças, sonhos e aspirações, mas, em termos de cristalização, de futuro da organização e de tomada de decisão para sair de onde se está e chegar aonde se deseja, são pouquíssimas as empresas com um plano estratégico genuíno.

INOVAÇÃO DO MODELO EMPRESARIAL

Vivemos a era das mudanças mais dramáticas de toda a história. O que funcionou muito bem para algumas empresas, por muito tempo, hoje não funciona de forma alguma. Empresas como a Blockbuster e a Borders Books passaram de líderes de mercado à falência em apenas alguns anos, quando o ambiente empresarial mudou.

Hoje, a inovação do modelo empresarial é um dos assuntos que determinam o sucesso ou o fracasso do negócio. De acordo com especialistas, 80% das empresas na atualidade tentam sobreviver e prosperar com modelos empresariais *obsoletos*. Basta ver o que está acontecendo com jornais, revistas e com a mídia tradicional de todos os tipos. Todos esses canais enfrentam sérios problemas.

O TRABALHO MAIS IMPORTANTE

Qual é o seu trabalho mais importante? A resposta é "pensar". A capacidade de pensar sobre quem você é, o que quer, e sobre como criar um futuro maravilhoso para o seu negócio, é mais importante do que qualquer outra coisa que possa fazer. Nas próximas páginas, compartilharei com vocês algumas das ideias mais poderosas, úteis e importantes já desenvolvidas em relação ao tema planejamento estratégico. Você aprenderá a pensar melhor, com mais clareza, e a tomar melhores decisões sobre o futuro do seu negócio do que talvez jamais tenha feito antes.

A cada ideia ou percepção, passará a pensar nas próprias ideias sobre ações que podem ser tomadas imediatamente a fim de melhorar os resultados. Você verá coisas que podem ser mudadas ou aprimoradas em seu negócio. Não importa se sua empresa é de pequeno porte ou uma multinacional, quando você e sua equipe praticarem os princípios da *Estratégia empresarial*, descobrirão que podem realizar mais em poucos anos do que as organizações sem essa capacidade conseguem realizar em cinco ou dez anos, se é que conseguem.

Ao pensar e agir estrategicamente, você aumentará a rentabilidade e o nível de satisfação obtidos na empresa e na carreira, além de elevar os níveis globais de qualidade e penetração no mercado. Mais do que qualquer outra coisa, você terá uma tremenda sensação de estar no controle de seu destino pessoal e empresarial, podendo olhar para trás a cada um ou dois anos e dizer: "Aqui é exatamente onde queríamos estar".

- UM -

INTRODUÇÃO À ESTRATÉGIA: ALEXANDRE, O GRANDE

DEIXE-ME APRESENTÁ-LO ao melhor estrategista que já existiu. De certa forma, ele começou como gerente júnior em uma grande organização e foi subindo de cargo. Seu nome era Alex. O pai de Alex ocupava a posição de chefe da organização, e também chegou lá subindo de cargo.

Alex admirava o pai, com quem aprendeu e estudou desde criança. Ele tinha grandes sonhos e aspirações de construir uma grande organização; muito maior do que a que o pai supervisionava.

O Alex a quem me refiro é Alexandre da Macedônia, que ficou conhecido como Alexandre, o Grande. Ele foi um dos primeiros e únicos homens em toda a história da humanidade a ser chamado de "o Grande" em sua vida e ao longo do restante da história.

UMA PROMOÇÃO INESPERADA

Quando Alexandre tinha 20 anos, seu pai foi assassinado. Ele, então, tornou-se o rei da Macedônia.

Os macedônios eram uma tribo no norte da Grécia, local em que hoje está a atual Macedônia. Eram uma raça forte, resistente e militarista. Sob o comando de Filipe, pai de Alexandre, conquistaram e governaram toda a Grécia.

Na casa de Alexandre, no exército dele e no exército do pai, e entre as outras tribos gregas, havia um enorme número de inimigos ou de "mercados concorrentes" para a posição de Alexandre. Assim que se tornou rei, ele descobriu que havia vários complôs e conspirações organizadas internamente para matá-lo e para libertar as cidades-estado da Grécia do domínio macedônio.

LÍDERES ASSUMEM O COMANDO

Agindo como líder, Alexandre imediatamente assumiu o comando. Em primeiro lugar, eliminou os elementos desleais do próprio exército. Depois, reorganizou suas forças rapidamente, com seus próprios generais e oficiais assumindo as posições; então, marchou e destruiu os exércitos enviados contra ele. Como resultado dessas ações imediatas e das vitórias surpreendentes, ele foi reconhecido e aceito como líder supremo em toda a Grécia, aos 21 anos.

Alexandre, como todos os planejadores estratégicos, tinha uma *missão*, que era bastante ambiciosa. Ele queria levar a cultura grega para todo o mundo conhecido da época. Seu plano estratégico de longo alcance era conquistar todos os países, deixando-os sob o domínio grego.

ESTRATÉGIA DE FUSÃO E AQUISIÇÃO

Alexandre era muito inteligente, por isso não desfazia os reinos que conquistava. Na verdade, ele foi o primeiro a fazer uso da primeira versão histórica de uma "estratégia de fusão e aquisição". Se os povos se rendiam sem lutar, ele mantinha os governantes no lugar. Tudo o que pedia era que pagassem um tributo à Grécia todos os anos, algo muito parecido com um imposto de renda corporativo, e assim tudo continuava como antes. Contudo, a partir daquele momento, estavam sob a proteção do império grego e dos macedônios.

Alexandre foi ainda mais longe. Convidou os soldados dos reinos recém-conquistados a se juntarem ao seu exército e participarem das recompensas que vieram da conquista de outras terras.

À medida que Alexandre se movia mais para o Sul, em direção ao Oriente Médio, mais e mais reinos e tribos vieram e se juntaram a ele. Desistiam sem lutar e se tornavam parte de seus exércitos. Mas ainda havia um problema.

O CONCORRENTE PRINCIPAL

O principal concorrente de Alexandre no domínio do mundo, o maior império da história da humanidade naquela época, era liderado por Dario da Pérsia. O império era enorme e incluía todo o Oriente Médio, o Mediterrâneo, estendendo-se até os atuais Paquistão e Índia. Quando Dario ouviu que um exército grego, dirigido por um comandante de 22 anos, invadiu seu império, ele não ficou feliz.

Dario também era um homem inteligente e reconhecia que Alexandre era a primeira ameaça real ao poder dele em toda a sua vida e rapidamente ordenou que um exército de 50 mil homens avançasse contra o exército de 22 mil homens de Alexandre. Todos foram instruídos a irem e esmagarem o oportunista de uma vez por todas.

Alexandre, prevendo que Dario viria contra ele, planejou uma estratégia brilhante e derrotou o exército enviado para destruí-lo.

Ao ouvir o que havia acontecido, Dario disse: "Isso é sério. Esta é a maior ameaça individual ao meu poder durante toda minha vida e é preciso lidar com ela ou haverá desafios ao domínio persa em todo o império".

RESPOSTA COMPETITIVA

Dario também era bastante competente em termos de estratégia. Ele enviou mensageiros para as dezenas de tribos diferentes em todo o império e ordenou que enviassem as melhores tropas para se reunirem em um lugar chamado Gaugamela. Ele reuniu o maior exército que o mundo já viu: quase um milhão de homens. Em toda a história, até a Segunda Guerra Mundial, nunca um exército tão grande tinha sido reunido em um só lugar.

Quando Alexandre soube que Dario havia reunido um exército imenso em Gaugamela, ele imediatamente levantou acampamento e marchou em direção ao exército de Dario. Alexandre e seu exército, de agora 50 mil homens (incluindo soldados de outros exércitos conquistados que se juntaram às suas fileiras), chegaram ao campo de batalha tão rapidamente que as forças persas ficaram chocadas, pelo menos temporariamente. Todos sabiam que no dia seguinte travariam uma das maiores batalhas da história.

A IMPORTÂNCIA DE UM PLANO

Alexandre era um comunicador excepcional. Naquela noite, reuniu todos os comandantes ao redor da fogueira para explicar exatamente o que planejava fazer no dia seguinte. Explicou que o exército de Dario não era composto de um único exército de fato, mas de uma série de pequenos e grandes exércitos na totalidade. Havia 30 tribos diferentes, além de tropas de todo o império, cada uma com sua própria língua, cultura, organização de batalha, ritos religiosos e estruturas militares de comando. A única coisa que tinham em comum era a lealdade a Dario.

Alexandre acreditava que se algo acontecesse com Dario no dia seguinte, o restante dos exércitos não ficaria para lutar uns pelos outros; em vez disso, começariam a se separar, a recuar e a fugir para todas as direções. Seu plano era o seguinte: atacar o centro das defesas persas e matar Dario.

TOME A INICIATIVA

No dia da batalha, Dario alinhou o exército como uma enorme muralha humana: um milhão de homens para avançar, esmagar e subjugar os macedônios.

Alexandre havia alinhado o exército de maneira um pouco diferente. Usou uma estratégia que nunca havia sido vista em batalha antes: a "formação oblíqua". Em vez de enfrentar o exército de Dario paralelo à sua frente, as tropas estavam alinhadas em um ângulo e à direita do centro do exército de Dario, o que lhes permitia mais manobrabilidade.

Então, pouco antes do início da batalha, Alexandre ordenou que o exército começasse a se mover para a direita, em direção ao terreno acidentado em que os soldados e a cavalaria teriam vantagem e as carruagens de Dario não conseguiriam prosseguir.

Quando Alexandre moveu o exército de forma lateral, Dario ficou confuso e ordenou que seu exército se movesse lateralmente também para manter a frente voltada para os macedônios. Receber a ordem de se deslocar para o lado em vez de atacar para a frente, deixou algumas fileiras do exército persa confusas. Então, Dario ordenou que a primeira linha de ataque, as carruagens, atacasse os macedônios. Dessa forma, foram recebidos com uma chuva de 2 mil dardos dos macedônios, que incapacitaram ou destruíram metade das carruagens. Com toda essa confusão, o exército de Alexandre continuou a marcha para a direita. O exército de Dario continuou a se mover para a direita, na tentativa de manter um alinhamento paralelo com as forças de Alexandre. De repente, uma rachadura se abriu na linha de frente do exército persa próxima à direção em que Dario dirigia a batalha.

Alexandre percebeu que *aquele* era o momento crucial. Tirando vantagem da confusão e da nuvem de poeira causada pelas carruagens em pânico, ele percebeu a oportunidade. Virou-se para sua cavalaria que o acompanhava e disse: "Vamos! Vamos matar Dario!". Então atacou com tudo o centro do exército persa, o que acabou sendo uma estratégia brilhante. A única parte da totalidade do exército persa de Dario que poderia resistir a Alexandre era o pequeno contingente de tropas de frente para ele. Todo o resto do exército de um milhão de homens foi incapaz de intervir. Não havia ninguém contra quem lutar.

FAÇA O INESPERADO

Dario ficou chocado. Não tinha previsto o ataque direto e direcionado a ele. Com Alexandre na liderança, a cavalaria macedônia cortava as fileiras da frente dos persas e ia diretamente para o posto de comando de Dario, que pulou em uma égua e fugiu do campo de batalha cercado por seus oficiais superiores.

O restante dos exércitos persas não tinha ideia do que estava acontecendo em meio a toda a poeira e confusão. Mas o boato de que Alexandre tinha atravessado o centro do exército, e de que Dario havia fugido, espalhou-se rapidamente.

A estratégia de Alexandre estava correta. Os exércitos persas começaram a desmoronar; dispersaram-se e fugiram em todas as direções, caindo uns sobre os outros enquanto debandavam. Naquele momento, Alexandre, que havia previsto o que aconteceria, enviou ordens às suas tropas para começarem a avançar. O corpo do exército dele, conhecido como a *falange*, armado com espadas e lanças, começou a marchar pelas fileiras persas como se fosse uma máquina de feno, ceifando-os aos milhares.

UMA GRANDE ESTRATÉGIA MUDOU O MUNDO

No final do dia, os persas haviam perdido 400 mil homens. Foi uma das batalhas mais desastrosas de toda a história da humanidade. Os macedônios, sob o comando de Alexandre, perderam 1247 homens. E Alexandre, aos 23 anos, tornou-se o mestre absoluto do mundo inteiro.

- DOIS -

OS PRINCÍPIOS DA ESTRATÉGIA EFICAZ

TALVEZ VOCÊ SE PERGUNTE por que passei tanto tempo falando sobre Alexandre, o Grande e a Batalha de Gaugamela no capítulo anterior. É porque a história nos mostra uma estratégia notável que levou a uma vitória impressionante e fez de Alexandre o homem mais poderoso do mundo em seu tempo. Os princípios de estratégia militar ilustrados na batalha são igualmente aplicáveis a todas as empresas, grandes ou pequenas.

Na verdade, a razão pela qual 20% das empresas ganham 80% ou mais dos lucros em todos os setores é porque possuem uma estratégia bem pensada que engloba cada um dos princípios-chave demonstrados nessa batalha. A ausência ou a não aplicação de um único princípio estratégico essencial pode levar à queda e à derrota de um exército ou de uma corporação, e isso já aconteceu milhares de vezes.

O PRINCÍPIO DO OBJETIVO

Esse é o primeiro princípio da estratégia. Para alcançar grandes vitórias, é preciso ser claro sobre as metas e os objetivos de cada nível do negócio. É preciso saber exatamente o que se deseja realizar e como se deve agir para conseguir.

Em um estudo publicado na revista *The Economist*, 150 pesquisadores passaram 20 anos analisando 22 mil empresas em uma variedade de países. O que concluíram foi que as empresas mais eficientes, eficazes e lucrativas eram as que reservaram um tempo para definir objetivos claros para a empresa e para cada pessoa que nela trabalhava. Os funcionários sabiam exatamente o que e quando deveriam realizar. Tinham medidas ou referências claras com as quais poderiam avaliar o progresso em direção às metas acordadas.

Alexandre sabia exatamente o que queria realizar. Ele queria liderar todo o mundo conhecido na época. Também sabia que para ser o líder do mundo, tinha que conquistar o exército persa em primeiro lugar. E a chave para conquistar tal exército era matar Dario. Tanto ele quanto seus homens tinham absoluta clareza sobre o objetivo da batalha nas planícies de Gaugamela em 323 a.C.

O PRINCÍPIO DA OFENSIVA

Napoleão disse uma vez: "Nenhuma grande batalha é vencida na defensiva".

Para se obter sucesso empresarial, é preciso ser proativo. É preciso partir para o ataque. É preciso praticar a "ofensiva contínua" do general bem-sucedido. É preciso progredir em relação a novos produtos, serviços, processos e novas formas de fazer negócios.

Em Gaugamela, Alexandre percebeu que a única maneira pela qual poderia derrotar um inimigo tão grande, com uma proporção de até vinte para um contra ele e seus soldados, era ir ao ataque e nunca desistir. Essa estratégia permitiu que ele vencesse todas as batalhas das quais participou ao longo de sua curta e gloriosa carreira.

O PRINCÍPIO DA MASSA

Todas as grandes batalhas são vencidas pelo comandante que *potencializa em massa* suas forças em um ponto e momento cruciais para o objetivo estratégico.

Em vez de alinhar as forças em uma ampla frente para conter o exército persa, Alexandre manteve o exército unido, em uma forma compacta e oblíqua e em ângulo com os exércitos de Dario. Tal posição permitiu que ele movesse as tropas rapidamente para explorar uma oportunidade, o que ocorreu quando Dario permitiu uma abertura nas fileiras de frente.

Mesmo em menor número, Alexandre viu que ao lançar a cavalaria de 6 mil homens no coração do exército, como se estivesse lançando um dardo em um alvo, poderia desconcertar Dario, matando-o ou conduzindo-o ao campo; e foi o que ele fez.

Nos negócios, o princípio da massa exige que você se torne absolutamente excelente em um nicho de produto e o domine em termos de qualidade e serviço antes de pensar em expandir para outros produtos, serviços ou mercados.

O PRINCÍPIO DA MANOBRA

Na guerra, esse princípio refere-se à importância de permanecer flexível e pronto para se mover em uma direção ou outra, independentemente do que o inimigo faça. Todas as grandes batalhas são batalhas de manobra em que o general no comando usa o exército de forma hábil, movendo homens e recursos para áreas em que podem obter "vantagem competitiva".

Ao organizar os exércitos em uma "formação oblíqua" nunca antes vista, Alexandre foi capaz de manter a máxima flexibilidade diante de uma força inimiga massiva. Além da cavalaria que o acompanhava à frente e no centro do exército, ele tinha grandes unidades de cavalaria nos flancos das forças. Quando o exército de Dario começou a se dividir por conta do ataque frontal, o restante do exército de Alexandre estava pronto para atacar em arco por toda a frente do exército persa, conduzindo-o de volta e, deixando-os confusos a ponto de finalmente recuarem.

O princípio da manobra aplicado aos negócios refere-se à inovação e à criatividade para encontrar formas melhores, mais rápidas e mais baratas de atender clientes, vender e alcançar níveis mais altos de lucratividade. Para manter esse tipo de flexibilidade empresarial, é preciso estar sempre disposto a recuar e a questionar o cenário atual.

O PRINCÍPIO DA AÇÃO CONCERTADA

Esse princípio da estratégia militar exige que os indivíduos trabalhem juntos como uma máquina bem lubrificada, como uma equipe, para alcançar as metas e os objetivos acordados. É geralmente chamado de "ação de unidade coesa" e significa que todos trabalham juntos de maneira cooperativa, apoiando-se mutuamente e trazendo recursos quando e onde forem necessários, a fim de garantir que o exército alcance a vitória.

Ao longo da história militar, unidades pequenas e bem organizadas conseguiram derrotar e destruir outras muito maiores que não foram tão bem coordenadas. Os macedônios de Alexandre foram talvez a força de combate mais disciplinada do mundo naquela época. Treinaram exaustivamente, como um time de alto nível. Lutaram como uma única unidade, ombro a ombro, reagindo e respondendo rapidamente às necessidades uns dos outros enquanto lutavam e venciam as batalhas.

Nos negócios, as melhores empresas têm as pessoas com a melhor moral. Essas pessoas se veem como parte de uma equipe corporativa, usam palavras como "meu", "nós" e "nosso" e consideram a empresa uma extensão natural e lógica de si mesmos, nunca pensando em coisas do tipo "isso não compete a mim".

O PRINCÍPIO DA SURPRESA

Alexandre usou esse dispositivo repetidas vezes ao longo da sua carreira para manter os oponentes desequilibrados. Ele nunca fez o que era esperado fazer. Nunca atacou onde era esperado atacar. Nunca alinhou suas tropas ou as organizou diante do inimigo da forma que seus oponentes haviam previsto. Sempre os pegava de surpresa.

Nos negócios, o princípio da surpresa significa estar sempre procurando maneiras de desenvolver vantagem competitiva com produtos, serviços, processos, estratégias e técnicas de marketing, metodologia de vendas e novas tecnologias para oferecer produtos e serviços que são novos e diferentes de tudo o que os concorrentes estão oferecendo.

O PRINCÍPIO DA EXPLORAÇÃO

Depois de ter vencido a batalha, conquistado o mercado, eliminado a concorrência e alcançado uma posição de domínio de mercado, é preciso estar preparado para se mover rapidamente e explorar tudo isso. O empresário e palestrante motivacional Jim Rohn costumava perguntar: "Até que altura uma árvore cresce?". A resposta era: "O mais alto que puder".

Quanto você vende? Quanto conseguir. Mova-se rapidamente. Os concorrentes estão observando e se preparando para ocupar o seu espaço o mais rápido possível. É preciso aproveitar o terreno elevado do mercado e, em seguida, dominá-lo. Nunca relaxe.

Quando se obtém uma vantagem de mercado com um produto, serviço ou uma técnica de marketing superior, é importante explorá-la ao máximo. Você sabe que os concorrentes conseguem copiá-lo hoje mais do que nunca e mais rapidamente, ou ainda podem fazer algo para minar sua vantagem. Não se pode hesitar. É preciso pressionar e garantir a maior participação de mercado possível, enquanto houver espaço.

- TRÊS -

CINCO PERGUNTAS SOBRE PLANEJAMENTO ESTRATÉGICO

MUITOS MODISMOS DE GESTÃO vêm e vão, alguns com mais sucesso do que outros. Contudo, uma habilidade de gerenciamento sempre aparece como a mais valiosa: a capacidade de desenvolver um plano estratégico claro e viável que ofereça uma vantagem competitiva no mercado. Existem quatro razões básicas pelas quais se deve definir a estratégia para o seu negócio:

1. *Aumentar o retorno sobre patrimônio.* Isso significa ganhar mais dinheiro sobre o patrimônio, ou sobre a quantidade de dinheiro investida no negócio. O patrimônio representa a propriedade, o que é diferente de retorno sobre investimento (ROI) na medida em que representa fundos diretos. O primeiro objetivo da estratégia é aumentar a quantidade de dinheiro que se ganha nos recursos em que você e outras pessoas investiram pessoalmente na empresa.

2. *Reposicionar a empresa.* Talvez você considere que a empresa e seus produtos ou serviços estejam sendo atacados pelos concorrentes. Talvez pense, como aconteceu com a Apple, que é preciso reposicioná-la com novos produtos e serviços em novos mercados que apresentem novas tecnologias.

3. *Maximizar os pontos fortes e as oportunidades.* Observe o que você faz extremamente bem, e quais são as principais oportunidades no mercado e, em seguida, movimente-se com agilidade para tirar vantagem disso.

4. *Forme uma base para tomar decisões de ação imediatamente.* O propósito da estratégia é planejar e preparar-se para agir de forma diferente do que faria na ausência da nova estratégia.

O planejamento estratégico não é uma atividade passiva. É o processo de pensar por meio das etapas de ação a serem tomadas para atingir metas e objetivos.

As estratégias de Alexandre não faziam parte de um exercício teórico passivo. Eram voltadas para a ação. Alexandre era, por excelência, um homem de ação.

CINCO PERGUNTAS A SEREM FEITAS E RESPONDIDAS

Há cinco perguntas-chave que podem ser feitas e respondidas repetidamente em termos de planejamento estratégico. Siga o seguinte processo:

AVALIE A SITUAÇÃO ATUAL

A pergunta número um: *onde estou agora*? Conheça seu negócio, seu público-alvo, os mercados que atende, seus concorrentes e seus pontos fortes e fracos em termos financeiros. Uma análise precisa da sua situação atual é o ponto de partida de toda estratégia.

REEXAMINE O PASSADO

A pergunta número dois é sobre o passado. Olhe para sua história. *Como você chegou onde está hoje?* Quais foram os passos cruciais dados ao pensar em suas ações há alguns anos ou mesmo no início do negócio? O que você fez certo? O que fez errado? Quais lições aprendeu? O que mudou desde que começou nesse negócio (ciente de que tudo muda)? Quais foram os eventos que o levaram até onde está agora, para melhor ou pior?

CRIE O FUTURO PERFEITO

A questão número três na definição da estratégia refere-se ao futuro ideal. *Onde você quer estar no futuro?* Onde quer estar daqui a um, dois, três, cinco ou até mesmo dez anos? Onde quer estar pessoalmente, e onde quer estar como corporação? Definir claramente o futuro ideal com base em onde você está hoje e em como você chegou aqui é fundamental.

PLANEJE OS PRÓXIMOS PASSOS A SEREM DADOS

A pergunta número quatro é: *como você chegará lá?* Como você irá de onde está hoje para aonde quer chegar no futuro com as pessoas com as quais interage, os recursos que tem e o mercado em que está trabalhando?

Meus exercícios favoritos para responder a essa pergunta são *brainstorming*[1] ou *mindstorming*.[2] No primeiro,

---

1 Turbilhão de ideias. [N.T.]

2 É uma técnica que facilita a formulação de ideias novas ou inovadoras por meio de um processo que envolve tirar dúvidas ou resolver enigmas durante a troca de ideias com outras pessoas. [N.T.]

você circula pela mesa, desafiando os demais a fim de que obtenham pelo menos vinte respostas para a seguinte pergunta: "O que podemos fazer para criar um futuro perfeito para esta empresa?".

No *mindstorming*, você escreve a pergunta no topo de uma folha de papel e depois desafia a si mesmo a gerar vinte respostas para ela. Esse é um exercício incrível para desenvolver ideias e respostas que podem ser usadas para atingir qualquer objetivo.

FAÇA UMA LISTA DE VERIFICAÇÃO

A pergunta número cinco é: *do que você precisa*? Que habilidades, recursos ou dinheiro adicionais serão necessários para alcançar os objetivos estratégicos em algum momento no futuro?

Uma das ferramentas mais poderosas a serem usadas é a lista de verificação simples. Comece a fazer uma lista de todas as coisas que teria que fazer e de todos os passos que teria de dar para sair de onde está hoje e chegar aonde quer estar em algum tempo no futuro.

BRILHANTE NO BÁSICO

Quando Vince Lombardi se tornou o treinador principal do Green Bay Packers em 1959, ele foi questionado sobre o que mudaria no time ou faria diferente. Ele respondeu que não mudaria os jogadores, as jogadas e nem o cronograma de treinamento. Em vez disso, disse que se tornariam "brilhantes no básico". Para se obter sucesso no planejamento estratégico e empresarial é preciso se tornar brilhante nos fundamentos de tal processo, e isso ocorre quando se faz e se responde continuamente as questões certas.

- QUATRO -

OS PRINCIPAIS RESPONSÁVEIS PELA DEFINIÇÃO ESTRATÉGICA

UMA DAS PRIMEIRAS perguntas que sempre me fazem quando organizo uma sessão de planejamento estratégico para uma empresa é: "Quem deve comparecer?".

A resposta mais simples é que todos os *responsáveis* pela implementação da estratégia devem estar envolvidos no processo que a define em primeiro lugar.

É essencial que o CEO, o CFO, o presidente, ou quem for o responsável final pela implementação da estratégia estejam presentes o tempo todo, pois essas são as pessoas que assinarão a estratégia, irão aprová-la e tomarão as decisões finais necessárias para alocar tempo, pessoal e recursos para implementá-la.

O PODER DO PRESIDENTE

Algum tempo atrás, realizei uma sessão de planejamento estratégico de três dias para uma grande empresa petrolífera. O presidente da empresa sentou-se e assistiu a cada minuto desse processo de três dias. Ele ouviu atentamente o que todos tinham a dizer e ofereceu suas observações e comentários com o passar dos dias.

Ao final dos três dias, havia coesão e comprometimento de todas as pessoas ao redor da mesa com a empresa, entre si e com o sucesso do plano estratégico que desenvolveram mutuamente. A empresa desde então tornou-se uma das maiores e mais lucrativas do mundo.

UM FRACASSO DE LIDERANÇA

Em outra situação, o presidente de uma empresa bilionária me contratou para conduzir uma sessão de planejamento estratégico. No entanto, ele, que era descendente da família fundadora e que tinha o poder de concordar ou discordar com qualquer coisa que os executivos criassem, recusou-se a comparecer à sessão, pois não achava que ocasiões como aquela representavam um bom uso do seu tempo.

Durante uma intensa e agradável estadia de três dias em um resort, desenvolvemos um plano estratégico para essa grande empresa nacional e foi excelente. A implementação do plano daria à empresa uma vantagem competitiva em um mercado desafiador. Todos na sessão de planejamento estratégico ficaram entusiasmados com o plano e empenhados em torná-lo realidade.

FALTA DE SUPORTE

Contudo, depois disso, quando o presidente executivo da empresa explicou o novo plano para o presidente geral, ou seja, para a pessoa que possuía a autoridade final para aprovar ou desaprovar o plano, ele foi rejeitado por ter sido considerado "uma grande perda de tempo". O presidente geral disse que era bastante capaz de tomar todas as decisões estratégicas necessárias para o futuro da corporação nacional. Quando todos ficaram sabendo disso, todo o entusiasmo pela implementação do plano estratégico foi por água abaixo, como se fosse o ar saindo de um balão. A empresa voltou a "fazer as mesmas coisas, como fazia antes".

Alguns anos depois, aquela empresa dinâmica, altamente admirada e respeitada pelos clientes e concorrentes, ancorada no mar da concorrência vigorosa, acabou falindo.

QUEM IMPLEMENTARÁ O PLANO?

O próximo grupo de pessoas que precisa se envolver em estratégias de planejamento são os *implementadores* da estratégia, peças-chave cuja cooperação e envolvimento são necessários. Geralmente, são os executivos seniores da organização, que são os responsáveis pelos principais departamentos e funções. Quanto mais envolvidos estiverem no cenário da estratégia, mais provável será que a mesma seja implementada de forma eficaz.

Há uma regra simples na interação humana: há uma relação direta entre a quantidade de tempo que as pessoas passam discutindo e fazendo perguntas sobre um curso de ação, e o grau de comprometimento com a execução de quaisquer decisões tomadas. Quanto mais se falar sobre um curso de ação, incentivar as contribuições, fazer e responder perguntas e estimular a discussão, mais dedicadas as pessoas se tornarão para que a estratégia seja um sucesso.

AJUDA EXTERNA É NECESSÁRIA

O planejamento estratégico é algo que não pode ser feito sozinho. É como odontologia, medicina ou o trabalho da lei. Você tem que conseguir alguém que seja objetivo, que tenha conhecimento e exposição para diferentes setores, que tem estudado ou tenha experiência em planejamento estratégico.

É preciso alguém que possa entrar e ser um facilitador do processo de planejamento estratégico. Essa pessoa reservará o tempo necessário para entender completamente sua empresa, o pessoal, os mercados, a concorrência e a situação que o negócio enfrenta hoje. Como dizem: "Uma pessoa que age como o próprio advogado tem um tolo como cliente".

Uma pessoa que tenta ser o próprio planejador estratégico provavelmente também terá um tolo como cliente.

Até eu uso um planejador estratégico externo quando faço o planejamento estratégico do meu próprio negócio.

CRIE O AMBIENTE CERTO

Um bom exercício de planejamento estratégico requer um comprometimento de tempo ininterrupto de dois a quatro dias e pode ser mais bem feito se ocorrer em um "lugar reservado", sem interrupções, permitindo que as pessoas mudem completamente o espaço mental.

Um dos melhores lugares é um resort longe da cidade para que, dessa forma, não haja distrações. A qualidade do pensamento e as contribuições de cada pessoa serão proporcionais ao tempo que os executivos presentes poderão focar e se concentrar no futuro do negócio.

- CINCO -

VALORES, VISÃO E PROPÓSITO

HÁ UM DITADO empresarial que diz o seguinte: "antes de fazer qualquer coisa, é preciso fazer outra coisa primeiro".

No planejamento estratégico, o que você precisa fazer primeiro é pensar sobre os princípios básicos do seu negócio e concordar com eles.

O ponto de partida é pensar nos *valores* que você defende e nos quais acredita. Quais são eles?

Seus valores são os princípios fundamentais do seu negócio. Eles revelam o que você defende e o que não apoia, dando-lhe orientação e direção na tomada de decisões e em tudo o que é feito profissionalmente.

OS 500 AFORTUNADOS

Quando Norman Vincent Peale e Ken Blanchard elaboraram o que chamaram de "Os 500 Afortunados" em seu livro, *O poder da administração ética,* relataram que essas empresas que tinham valores e princípios claros, escritos, conhecidos e compartilhados por todos, eram consistentemente mais lucrativas do que as empresas que podem até ter valores, mas não os escreveram nem os compartilharam amplamente.

As empresas mais bem-sucedidas nos Estados Unidos são as que deixam seus valores bem claros. Os homens e mulheres mais bem-sucedidos no mundo parecem ser aqueles cujos valores são explícitos e, portanto, recusam-se a comprometê-los por qualquer ganho ou vantagem.

A IBM é um excelente exemplo. Tem sido consistentemente classificada como uma das empresas mais admiradas do mundo. Desde a fundação da IBM por Thomas J. Watson Sênior, seus valores sempre foram "excelentes produtos, excelente atendimento ao cliente e excelente respeito ao indivíduo". A empresa está organizada em torno desses três princípios desde 1928. O sucesso e a estima no mercado mundial são testemunhos da adesão a esses valores.

QUAIS SÃO SEUS VALORES?

Quando conduzimos uma sessão de planejamento estratégico, a primeira coisa que fazemos é chegar a um acordo ou consenso sobre os valores em que a empresa acredita, a ordem desses valores em termos de prioridade, e como são realmente vivenciados ou praticados no dia a dia do negócio.

Alguns dos valores mais comuns defendidos pelas empresas são: *integridade, qualidade, atendimento ao cliente, inovação, empreendedorismo e lucratividade*, entre outros.

Pergunte a si mesmo: quais são os valores da sua empresa? Você valoriza a qualidade? Acredita na excelência do produto ou serviço? Acredita em cuidar das pessoas? Acredita em liderança de mercado ou inovação? Quais são suas crenças fundamentais sobre o que é certo e o que é errado?

O QUE OS OUTROS DIRIAM?

Se você fosse pesquisar entre os funcionários, indagando quais valores a empresa defendeu e acreditou, o que as pessoas diriam? O pessoal demonstraria clareza e unanimidade sobre esses valores? Ou haveria contradições e desacordos?

E se você pesquisasse entre os clientes e perguntasse: "Quais são os valores fundamentais desta empresa?". O que eles diriam?

Seus valores são totalmente expressos em suas *ações*, seus comportamentos são exibidos em uma base diária, minuto a minuto, em especial quando se está *sob pressão*. É realmente possível dizer o que uma pessoa ou organização acredita e defende ao olhar para o que fazem e como se comportam em uma crise, seja ela grande ou pequena. Esse é o "período de teste" dos valores de uma pessoa ou de uma organização.

VALORES CRIAM UMA BASE SÓLIDA

Um dos meus clientes, uma startup, precisava decidir os valores que serviriam de base para a empresa. A equipe executiva se reuniu e selecionou cinco, começando com integridade e terminando com lucratividade. Em seguida, concordaram com uma declaração de como cada valor seria praticado em toda a empresa. Essas declarações de valor foram depois impressas em cartões plastificados e distribuídos a todos. Dessa forma, tornaram-se os princípios operacionais básicos da empresa. Toda vez que os executivos da empresa tinham que tomar uma decisão, pegavam os "cartões de valores" e discutiam como deveriam agir com base nos quais haviam se comprometido.

Em poucos anos, a empresa tornou-se uma das organizações líderes do setor, apesar de enfrentar enorme competição acirrada.

QUAL É A SUA VISÃO?

Assim que os valores se tornarem bem claros, é preciso reservar um tempo para projetar o futuro. É preciso desenvolver uma visão da aparência da empresa se fosse perfeita em todos os sentidos. Às vezes gosto de falar sobre visão como uma "fantasia de cinco anos". Qual é a sua?

Em termos bem simples, a visão geral mais eficaz para uma empresa é "ser a melhor". Ser excelente em produtos, serviços e relacionamento com o cliente. Ser a melhor empresa em termos de liderança e gestão, em relação às pessoas que trabalham no negócio, e à reputação com os clientes e com o mercado em geral.

Peter Drucker disse uma vez que mesmo quando uma empresa está começando em uma mesa de cozinha, se ela não sonhar com a liderança mundial, nunca será um grande sucesso. Seu sonho deve ser de liderança mundial também. Se isso fosse verdade, quais ações você teria que começar a tomar imediatamente para alcançar essa excitante visão do amanhã?

O QUE OS CLIENTES DIRIAM?

Qual é a visão ideal do cliente em relação a você? Quanto você quer que os clientes pensem na sua empresa? Olhando a sua empresa de fora, da perspectiva dos clientes que trabalham com você, que estão envolvidos com seu pessoal, que usam seus produtos e serviços e, em seguida, viram-se e falam de você para outras pessoas, como você gostaria que descrevessem a sua empresa? Esse é um excelente ponto de partida para determinar quais devem ser seus valores e sua visão.

Theodore Levitt, da Harvard Business School, disse que o ativo mais valioso de uma empresa é sua *reputação*. A reputação de uma empresa é definida pela forma "como ela é conhecida pelos outros".

A reputação é determinada pelo que os clientes, concorrentes, prestadores, fornecedores externos e o público em geral falam sobre você quando discutem sua empresa, seus produtos e serviços entre si.

O que estão falando sobre você hoje? O que gostaria que falassem sobre você e sua empresa no futuro? O que você poderia fazer, a partir de hoje, para garantir que as pessoas de fora e de dentro da empresa pensem em você e falem de você de uma maneira específica?

SEJA UMA MOSCA NA PAREDE

Imagine as pessoas em sua empresa descrevendo-a para outras pessoas. O que sua equipe diria aos outros sobre o tipo de empresa para a qual trabalham? Que tipo de clima de trabalho você oferece? Que tipo de pessoas trabalham em sua empresa? Que tipo de organização foi desenvolvida? Qual seria sua visão ideal se pudesse ter a empresa descrita em uma palavra?

Finalmente, como você sai de onde está agora, ou seja, da forma como é atualmente percebido pelas outras pessoas, para a forma como gostaria de ser percebido em algum momento no futuro? Principalmente, como seria útil para você ser descrito pelos outros? Que tipo de descrição do seu negócio seria mais útil para expandi-lo e para trabalhar pela liderança de mercado?

DETERMINE SEU PROPÓSITO

Seu propósito é o seu "porquê". Por que você faz o que faz? Qual o propósito do seu negócio no grande esquema das coisas? Que diferença você faz na vida dos outros, principalmente em relação aos clientes e funcionários?

Nietzsche escreveu: "Aquele que tem um porquê para viver pode enfrentar quase todos os comos".

Seu propósito na vida ou nos negócios é quase sempre definido em termos do que você faz para melhorar ou enriquecer a vida ou o trabalho das outras pessoas.

Seu propósito flui naturalmente da clareza sobre seus valores e sua visão. Permite que explique a si mesmo, e para os outros, o que é importante para você e o que o motiva na vida.

- SEIS -

DETERMINE SUA MISSÃO CORPORATIVA

DEPOIS DE DECIDIR sobre valores, visão e propósito para o seu negócio, o próximo passo é determinar sua missão.

A missão é uma parte essencial de toda estratégia empresarial.

A missão de Alexandre era clara: trazer a cultura e a civilização gregas para todo o mundo conhecido da época. Para isso, ele sabia que teria que superar uma tremenda resistência ao sucesso.

Para alcançar o sucesso empresarial, é preciso superar uma resistência competitiva também. Para alcançar o sucesso de mercado desejado, a clareza é essencial. É preciso ser claro sobre valores, visão, missão e propósito.

DEFINA-O QUALITATIVAMENTE

Uma declaração de missão é sempre *qualitativa*, não quantitativa. Uma missão não é "ganhar muito dinheiro" ou "aumentar a lucratividade". Uma declaração de missão é dirigida para fora, em direção ao que você quer fazer para ajudar e melhorar a vida de seus clientes.

A declaração de missão da GE é: "A General Electric é uma empresa única, inspiradora e empreendedora, conhecida pelo nível de excelência inigualável, altamente lucrativa e com liderança mundial em cada uma de suas linhas de produtos".

Com essa declaração de missão como força motriz por trás das atividades da empresa, a General Electric passou a se tornar uma das empresas mais bem-sucedidas da história. Na gestão de Jack Welch, e hoje com Jeffrey Immelt, a GE tornou-se líder mundial em produtos e serviços inovadores, crescimento empresarial, rentabilidade, e tem o respeito e estima de quase todos que a conhecem.

SUA DECLARAÇÃO DE CONCLUSÃO INICIAL

Uma declaração de missão é muitas vezes chamada de "declaração de conclusão inicial". É o princípio organizador sob o qual tudo na empresa é feito. A declaração de missão diz às pessoas o que a empresa faz, e também o que não faz.

Uma boa declaração de missão contém um método e uma medida. Assim como uma missão é algo que pode ser realizado, é preciso ter medidas e padrões claros que podem ser usados para determinar quanto se está perto de alcançá-la.

Um formato simples para uma declaração de missão poderia ser: "Nossa missão é (descrever como pretende melhorar a vida ou trabalho dos clientes). Alcançamos essa missão por (os métodos que serão usados), e medimos o sucesso por (inserir os números exatos que serão obtidos se forem bem-sucedidos na missão)".

Exemplo:

> Nossa missão é ser o melhor fornecedor do nosso produto ou serviço para o nosso mercado, permitindo que nossos clientes desfrutem de enormes melhorias

no trabalho e na vida pessoal. Nosso método é aumentar continuamente a qualidade do produto e intensificar nossa divulgação para conquistarmos novos e melhores clientes. Medimos nosso sucesso ao crescer 20% ou mais a cada ano em vendas e lucratividade.

SEJA CLARO

Uma boa declaração de missão deve ser clara, específica, mensurável e capaz de ser compreendida e adotada por todos os responsáveis pelo cumprimento da missão. Contudo, a maioria das declarações de missão são vagas e pouco claras, não dão orientação e direção às pessoas na empresa e ninguém tem ideia de quando ou se foi alcançada, nem de quanto está perto de ser realizada.

Em tempos de turbulência e mudanças rápidas, muitas vezes é uma boa ideia revisitar a declaração de missão. Pode ser parcial ou totalmente obsoleta. Seus produtos, serviços, mercados, clientes e tecnologia podem ter mudado dramaticamente. A declaração de missão deve acompanhar os tempos.

Às vezes, revisitar e reformular uma declaração de missão pode mudar a direção do negócio, levando-o a novas decisões, estratégias e ações. Os valores de integridade, qualidade e excelência no atendimento ao cliente, combinados com a visão de ser o melhor no setor, podem permanecer os mesmos. Contudo, a missão pode ter que mudar ou se atualizar diante das novas realidades.

A COMBINAÇÃO CERTA

Estabelecer uma declaração de missão é como obter a combinação certa de um cadeado. Depois de ter certeza e virar os números certos, na sequência correta, a trava será aberta. A estratégia real começará a ser formulada como o processo passo a passo pelo qual uma missão é realizada.

- SETE -

DE VOLTA DO FUTURO

A ESTRATÉGIA É O CAMINHO que leva a empresa ao futuro ideal. O planejamento estratégico começa sabendo onde se está no momento, imaginando o futuro ideal, e focando em seguida no que precisa mudar no presente para criar o futuro.

QUAL É O SEU NEGÓCIO?

Antes de decidir para onde quer ir é preciso saber com total clareza onde você está hoje.

Comece perguntando: qual é o seu negócio hoje? Descreva-o claramente, em termos do que o seu produto ou serviço realmente faz para mudar ou melhorar a vida dos clientes.

Muitas pessoas não têm muita certeza de qual é realmente o negócio delas. Um bom exemplo vem da história das ferrovias. As companhias ferroviárias costumavam achar que seu negócio era executar ferrovias quando de fato era transportar bens e serviços.

A maioria das ferrovias nos Estados Unidos acabou falindo, ou quase falindo, porque a maior parte do transporte de pessoas, bens e serviços foram dominados por caminhões, aviões e navios.

Como contraexemplo, no Canadá existe uma empresa chamada Canadian Pacific Railway. Essa empresa reconheceu desde cedo que seu negócio era o transporte de todos os tipos. Com essa percepção, expandiu-se para a companhia aérea Canadian Pacific Airlines, a companhia de caminhão Canadian Pacific Trucking, a companhia de navios Canadian Pacific Shipping e outros meios de transporte. Tudo o que se deseja enviar (incluindo você mesmo) por qualquer meio de transporte, a Canadian Pacific tem a solução.

VEJA OS NÚMEROS

Faça uma análise atual de si mesmo e de sua empresa. Onde você está agora? Quais são suas vendas e margens de lucro? Quais são seus preços e custos?

E em relação aos resultados financeiros? Quais são suas vendas e margens de lucro? Quais são seus preços e custos? Olhe para os números de vendas e divida-os por produto, linha de produção, serviço, mercado e canal de distribuição. Quais são seus pontos fortes e fracos em termos financeiros? Quais são os recursos disponíveis?

Em seguida, observe as metas de vendas e compare-as com os resultados. As vendas estão atendendo às expectativas? Estão com uma tendência de aumento ou de diminuição? Se estiverem diminuindo, o que pode ser feito para alterar a situação? Se estiverem aumentando, você está convencido de que essa tendência continuará? Quais são os preços e custos?

Agora concentre-se nos lucros e nas margens de lucro. Faça as mesmas perguntas. Estão atendendo às expectativas? Estão com uma tendência de aumento ou de diminuição?

QUAL É O SEU RETORNO?

Analise seus produtos e serviços. Quais estão vendendo bem? Quais são os mais lucrativos? Quais estão vendendo mal? Em quais produtos você está perdendo dinheiro? Uma das armadilhas em que muitas empresas caem é continuarem a vender produtos ou serviços populares nos quais estão perdendo dinheiro. O objetivo do seu negócio não é vender muitos produtos, mas ganhar dinheiro. Se você estiver perdendo dinheiro em cada produto vendido, vender mais produtos significará apenas perder mais dinheiro.

Olhe para o seu retorno sobre as vendas. Veja também o retorno sobre investimento e o retorno sobre patrimônio. Estão aumentando ou diminuindo? Você está tomando as decisões certas?

O CLIENTE EM PRIMEIRO LUGAR

Qual é o seu retorno sobre o cliente? Assim como você pode perder dinheiro em todos os produtos, também pode perder dinheiro com clientes. Não queira vender para esses clientes. Quem são os seus consumidores menos e mais lucrativos hoje? É preciso eliminar os menos lucrativos e manter os melhores.

O que deixa seus clientes felizes? Por que os seus melhores clientes continuam voltando? Do que mais gostam em relação ao que você faz por eles? Entender a área número um de satisfação do cliente é fundamental.

Seja honesto e observe também o que seus clientes não gostam. Qual é o motivo número um das reclamações? O que você não está oferecendo que faz com que clientes e potenciais clientes procurem os concorrentes?

A POSIÇÃO NO MERCADO

Compreender a posição no mercado significa reconhecer os próprios pontos fortes e fracos. O que sua empresa faz muito bem? Quais são suas vulnerabilidades? Qual é sua posição no mercado? Quem são seus principais concorrentes? Como você se classifica em comparação aos concorrentes? Quem são seus concorrentes secundários?

O que seus concorrentes estão fazendo certo? Quais são seus pontos fortes e fracos? O que você está fazendo melhor ou pior do que eles?

Analise cada detalhe e novamente seja brutalmente honesto. Harold Geneen, do conglomerado ITT, disse: "Conheça os fatos. Obtenha os fatos reais. Não os fatos aparentes, os fatos esperados, ou os fatos óbvios. Obtenha os fatos reais com base em análise. Os fatos não mentem".

AONDE VOCÊ QUER IR?

Depois de entender onde você está, a próxima pergunta a se fazer é onde quer estar no futuro.

Olhando para as tendências atuais, para onde está indo o seu negócio? Onde ele estará daqui a dois ou três anos? Ele crescerá, diminuirá ou continuará no caminho atual? Sabendo que o futuro será sempre diferente do presente, para onde o seu negócio está indo de acordo com a trajetória atual?

CONSIDERE AS POSSIBILIDADES

Pergunte a si mesmo: o que esse negócio pode ser amanhã?

Quais são as possibilidades para o negócio? O que poderia ser feito de outra maneira, ou em quais novas áreas você poderia entrar para mudar o negócio? Que novos produtos e serviços poderiam ser desenvolvidos e vendidos, e de que maneiras diferentes e em quais lugares?

USE A IMAGINAÇÃO SEM LIMITAÇÕES

Em seguida, pergunte: o que *deve* ser? Qual deve ser o seu negócio nos próximos três a cinco anos? Se você pudesse usar uma varinha mágica para criar um negócio perfeito, sem limitação nenhuma, como gostaria que ele fosse no futuro?

Certa vez, conduzi uma sessão de estratégia para uma empresa multibilionária que estava com problemas. Novo concorrente e novas regulamentações governamentais mergulharam a empresa em um estado de caos, levando a demissões, diminuições na empresa e desinvestimentos. Comecei a sessão com um processo que chamo de "idealização". O objetivo era fazer com que os executivos da empresa parassem de se concentrar no presente e passassem a se concentrar em um futuro ideal. Disse aos gerentes de alto escalão ao redor da mesa para criarem uma "fantasia de cinco anos".

Uma fantasia de cinco anos é um exercício que o ajudará a imaginar um futuro ideal. Para criar essa fantasia em detalhes, faça a si mesmo uma série de perguntas: qual seria o tamanho da sua empresa? Que tipo de reputação teria? Quais produtos e serviços seriam oferecidos e lhe permitiriam dominar o mercado?

Que tipo de pessoas trabalhariam para sua empresa e que tipo de liderança você teria? Que nível de lucratividade seria alcançado? Suas ações valeriam muito?

Quando fiz o exercício com os gerentes da empresa em apuros, acabamos com 27 descrições diferentes da empresa ideal, que então convertemos em objetivos claros. Esses objetivos incluíam, entre outros, alta lucratividade, grande reputação no mercado, alto preço das ações, alta taxa de crescimento, liderança superior, atendimento excepcional ao cliente, e um ótimo lugar para trabalhar. Cada um dos gerentes presentes disse acreditar que todos os objetivos poderiam ser alcançados dentro de cinco anos.

PENSE NA VOLTA DO FUTURO

Depois de ter descrito claramente seu futuro ideal, volte para a situação atual e decida o que tem que fazer, começando hoje, para transformar essa visão do futuro ideal em realidade. Dizemos que isso é pensar "na volta do futuro". Faça uma lista de tudo o que precisa acontecer para realizar a fantasia de cinco anos. Esse é o início da criação do seu plano estratégico.

- OITO -

ÁREAS ESTRATÉGICAS A SEREM CONSIDERADAS

AS VARIÁVEIS ESTRATÉGICAS básicas a serem consideradas à medida que um plano para o futuro é feito são: *produtos, serviços, clientes, mercados, finanças, pessoas, tecnologia* e *capacidade de produção*. Essas são as áreas do negócio que podem continuar como antes ou mudar, dependendo dos objetivos estratégicos.

PRODUTOS E SERVIÇOS

Quais são exatamente os produtos e serviços que pretende oferecer? O que faz para mudar ou melhorar a vida ou o trabalho dos clientes? O que há neles que os torna superiores e a melhor escolha para os clientes que você procura prospectar?

CLIENTES

Quem é seu cliente ideal, ou *perfeito*? Quais os dados *demográficos* do cliente ideal? Qual é a idade, o nível acadêmico, a renda, a profissão e o nível de formação da família do cliente?

Quais os dados *psicográficos* dos clientes? Quais são os objetivos, as ambições, os desejos e as aspirações? Quais os medos, as dúvidas ou as suspeitas que podem levá-los a hesitar em comprar seu produto ou serviço?

Principalmente, quais são os dados *etnográficos*? Para que usam seu produto ou serviço? Como usam? Como isso muda ou melhora a vida deles de alguma forma?

No passado, você escolhia o produto e depois procurava clientes. Em muitos casos nos dias de hoje, no entanto, as empresas identificam o cliente e as suas necessidades e, em seguida, readaptam ou usam engenharia reversa do desenvolvimento de produtos e serviços com base no que o cliente diz que deseja. As empresas param de focar no "desenvolvimento do produto" para se concentrarem no "desenvolvimento do cliente" e nem mesmo criam o produto até que o cliente concorde em comprar por um preço específico.

MERCADOS

Em quais mercados você entrará? Como fará parte deles? Você procura mercados geográficos, horizontais ou verticais? Quem são seus concorrentes nesses mercados? Como é preciso anunciar, promover, vender e penetrar nesses mercados?

FINANÇAS

Quanto dinheiro você tem e quanto precisará para alcançar e sustentar a lucratividade?

PESSOAS

Quem são as pessoas-chave em termos de habilidades, capacidades e competência comprovada? Onde e como você conseguirá encontrar e fidelizar essas pessoas?

TECNOLOGIA

Que tipo de tecnologia será necessária para construir e operar seu negócio? Sua tecnologia atual é suficiente e satisfatória à luz das rápidas mudanças às quais seus concorrentes estão se adaptando?

CAPACIDADE DE PRODUÇÃO

Finalmente, qual é a sua capacidade de produção? Quanto é possível produzir, entregar, vender e atender de forma competente? Quanto custam seus produtos ou serviços para serem produzidos, vendidos, entregues, instalados e atendidos?

DEFINA METAS CLARAS

Há alguns anos, a revista *Fortune* publicou um estudo que foi feito para determinar por que tantos CEOs estavam sendo demitidos das empresas que constavam na lista da Fortune 500. A razão mais importante citada foi a "falha na execução". Os CEOs recebiam suas posições com expectativas de desempenho claras e específicas para as respectivas empresas. Em todos os casos, o executivo não atingia as metas e os objetivos estabelecidos desde o começo.

Todos os meses, ouvimos e lemos sobre os principais executivos que são demitidos pelas corporações por não atingir os principais objetivos de vendas e a lucratividade pelos quais são responsáveis. A falta de clareza em relação a esses objetivos é de fato quase sempre um fator importante para o fracasso em atingir esses objetivos ao longo do tempo.

Liderar com sucesso a estratégia da empresa depende de se ter foco absoluto nos objetivos. Não se pode implementar a estratégia se não houver clareza absoluta sobre os objetivos estratégicos da empresa.

Qual é o principal objetivo para o seu negócio ou para a sua posição? O que você está tentando fazer? Como está tentando fazer? Poderia haver uma maneira melhor? Suas metas e objetivos são realistas com base na situação atual? Quais são suas suposições? E se estiverem erradas? O que você faria então?

Como disse Peter Drucker: "Suposições errôneas estão na raiz de cada fracasso".

Esteja sempre aberto à possibilidade de estar fazendo a coisa errada. Seu modelo de negócios pode estar obsoleto. O que parecia ser uma boa decisão em determinada ocasião, em uma ou mais áreas, pode não ser mais uma boa decisão hoje.

- NOVE -

FORÇA MOTRIZ: A CHAVE PARA A ESTRATÉGIA

A IDEIA DE FORÇA MOTRIZ pode ajudá-lo a pensar com mais clareza sobre o presente e o futuro do seu negócio, e sobre tudo o que você faz.

O termo *força motriz* é cortesia dos consultores de negócios John Zimmerman e Benjamin Tregoe, e é um conceito essencial em estratégia. Uma vez adotada, a força motriz torna-se o princípio quantitativo em torno do qual todo o planejamento é feito.

Existem várias forças motrizes que podem ser escolhidas. Contudo, há sempre uma que se torna o princípio organizador mais importante do negócio.

Observe um ponto importante. Só porque você tem, por exemplo, uma força motriz orientada para o produto do seu negócio, não significa que também não esteja focado em outras áreas de necessidade e satisfação do cliente. A força motriz é a "ponta da lança" em todos os pensamentos relacionados ao negócio, aos clientes e aos resultados financeiros.

A FORÇA MOTRIZ DO PRODUTO OU SERVIÇO

A força motriz do produto ou serviço determina o escopo dos mercados e a variedade dos produtos. Digamos que você seja um franqueado da Domino's Pizza ou do McDonald's, a força motriz seria então orientada para o produto. O foco da estratégia e de tudo na organização seria vender mais do mesmo produto, para cada vez mais clientes, e de todas as formas possíveis.

Se você fosse um escritório de contabilidade ou de advocacia, a força motriz seria orientada para o serviço. O objetivo seria vender mais dos serviços específicos para mais clientes, de todas as formas possíveis.

O MERCADO PRECISA DA FORÇA MOTRIZ

A força motriz existe quando um determinado mercado é identificado e a seguinte pergunta é feita: "O que meu mercado necessita e deseja?". Dessa forma, os produtos ou serviços passam a ser desenvolvidos para aquele mercado específico.

Um dos meus clientes é a empresa All-State Legal Supply. É uma excelente empresa com um foco muito claro, que possui múltiplos fins e fornece tudo o que um escritório de advocacia precisa para operar com eficiência desde o momento em que assina o contrato de locação até o momento em que fecha as portas. Ela fornece móveis, computadores, software, papelaria e material de escritório, e até mesmo serviços temporários quando necessários.

FORÇA MOTRIZ IMPULSIONADA PELA TECNOLOGIA

Essa força motriz ocorre quando o negócio é construído em torno de uma tecnologia. Um excelente exemplo de uma empresa impulsionadora de tecnologia é a Apple.

Ela não produz geladeiras nem vende mantimentos, ela fabrica apenas produtos cujas vantagens e inovações tecnológicas podem oferecer vantagens de mercado sobre os concorrentes.

Quer você atue no setor de computadores, software, marketing na Internet, equipamentos de telecomunicações e assim por diante, a tecnologia determinará os produtos e serviços oferecidos, os mercados atendidos e os novos produtos a serem desenvolvidos.

FORÇA MOTRIZ DA CAPACIDADE DE PRODUÇÃO

Nesse caso, a capacidade de produção determinaria os produtos e serviços oferecidos e os mercados almejados. Por exemplo, a força motriz de uma empresa de fabricação de móveis seria criar mais e melhores variedades de móveis a serem vendidos para mais clientes em mais mercados.

A IKEA seria um exemplo perfeito de uma empresa cuja força motriz é a capacidade de produção. Tudo o que ela faz é projetar e produzir mais variedades de móveis fáceis de serem montados, para cada vez mais pessoas, em mercados em constante expansão. A empresa tem os equipamentos, as madeiras, as furadeiras e as linhas de montagem para fabricação de móveis e componentes. A capacidade de produção da IKEA determina quanto e quais tipos de móveis ela consegue produzir.

O MÉTODO DE VENDAS DA FORÇA MOTRIZ

Nesse caso, é o método de vendas que determina os produtos, os serviços e todas as atividades comerciais. Métodos de vendas podem ser varejo, atacado, mala direta, Internet, distribuidores ou representantes do fabricante.

Em nosso negócio e em milhões de outros em todo o mundo atualmente, o método de vendas é o download digital de produtos vendidos pela Internet e entregues online.

Como o nosso método de vendas é entrar em contato com clientes em potencial e oferecer nossos produtos digitais baseados em conhecimento, toda a estrutura do nosso negócio é determinada dessa forma, desde o desenvolvimento de produtos até os requisitos de tecnologia, de pessoal, instalações do escritório, marketing, vendas, preços, relacionamento com o cliente, e tudo o mais.

O MÉTODO DE DISTRIBUIÇÃO DA FORÇA MOTRIZ

Às vezes, o método de distribuição determina os produtos ou serviços oferecidos e a maneira como são oferecidos. Por exemplo, a Avon distribui produtos demonstrando os cosméticos a mulheres, tanto individualmente quanto em grupos. Esse método de distribuição face a face determina toda a estrutura da empresa, incluindo quais novos produtos serão oferecidos pela Avon, como serão precificados, vendidos e entregues, assim como toda a compensação e estrutura financeira da empresa.

A FORÇA MOTRIZ DOS RECURSOS NATURAIS

Para empresas como a ExxonMobil, a Weyerhaeuser, a Shell ou a British Petroleum, a força motriz seria a extração dos recursos naturais, o processamento, o envio e a entrega, seja petróleo, gás, carvão, madeira ou vários minerais como cobre, ouro ou minério de ferro. A localização dos recursos naturais, e os clientes ou mercados para eles, determinam tudo o que a empresa faz.

A FORÇA MOTRIZ DE TAMANHO/CRESCIMENTO

Para muitas empresas, a força motriz pode estar nos objetivos para o crescimento das vendas e lucratividade. Por muitos anos, a Toyota tem uma força motriz de tamanho/crescimento. O objetivo da montadora sempre foi ganhar participação de mercado. Conforme o objetivo foi sendo atingido, por causa das economias de escala de fabricação, os custos de produção da Toyota diminuíram e a lucratividade aumentou.

A FORÇA MOTRIZ DE RETORNO/LUCRO

Muitas empresas, principalmente as que possuem múltiplas linhas de produtos/serviços, usam retorno/lucro como força motriz. Compram, iniciam uma empresa ou entram em qualquer mercado em que obtenham excelentes lucros.

A American Home Products ficou famosa por essa estratégia ao oferecer por muitos anos uma variedade de produtos e serviços para pessoas físicas, jurídicas, empresas e famílias em todo o país. A empresa tinha uma simples força motriz: todo produto deveria trazer um retorno de 20% sobre os impostos de vendas pré-tarifadas. Se um produto não tiver esse tipo de lucratividade, uma empresa orientada para retorno/lucro não o manterá ou desistirá dele rapidamente.

DETERMINE A FORÇA MOTRIZ

O que impulsiona seu negócio? Qual é sua principal força motriz e quais são as secundárias? A escolha da força motriz é absolutamente essencial para o futuro dos negócios.

Selecionar uma única força motriz, algo que deve ser feito se você focar e se concentrar em maximizar vendas e lucratividade no setor, não significa não ter outras forças operando também. Significa apenas que a força motriz selecionada se torna o princípio organizador do negócio mais importante.

- DEZ -

QUATRO CONCEITOS CENTRAIS EM PLANEJAMENTO ESTRATÉGICO

EXISTEM QUATRO princípios de planejamento estratégico empresarial que são atemporais. Sucesso ou fracasso em qualquer uma dessas quatro áreas podem levar a mudanças dramáticas nos resultados empresariais, para melhor ou pior. Discutimos esses princípios com riqueza de detalhes no meu livro desta série, *Marketing*.

SAIBA ONDE SE ESPECIALIZAR

O primeiro princípio é a *especialização*. Hoje, vivemos em um mundo em que temos que nos especializar e fazer algumas coisas excepcionalmente bem. A área de especialização escolhida determina em grande parte o futuro do seu negócio.

Você pode se especializar em um produto ou serviço, um segmento de clientes ou uma área de mercado. Quando você se especializa em um produto ou em uma área de serviço, a descrição do trabalho flui facilmente.

Quando perguntarem: "Em que tipo de negócio você está?", a resposta imediata será "seguro de vida" ou "cirurgia ortopédica" ou "restaurantes de frutos do mar" ou "software empresarial", e assim por diante.

ESCOLHA O MERCADO

Outra possível área de especialização tem a ver com o mercado. Especialize-se em um determinado tipo de cliente. Por exemplo, em meu negócio como palestrante profissional, relaciono-me tanto com gerentes e executivos de corporações quanto com proprietários de pequenas e médias empresas (PMEs); independentemente da localização. Trabalho pelo mundo todo e já palestrei em 67 países, escrevi 70 livros e produzi várias centenas de programas de aprendizagem em áudio e vídeo. Contudo, esses materiais são todos voltados para gerentes e executivos de um lado, e empreendedores e empresários, donos do próprio negócio, de outro. Tendo tudo isso em mente, especializo-me a partir disso.

Especialize-se em uma área geográfica. Uma loja de conveniência especializa-se em um único bairro. Um fabricante pode se especializar em satisfazer a demanda pelo produto em todo o mundo. Entretanto, em todos os casos, é preciso se especializar e ser claro sobre a área de especialização.

SEJA DIFERENTE DOS CONCORRENTES

O segundo conceito em planejamento estratégico é a *diferenciação*. Todo marketing e venda é diferenciação. Todos os negócios exigem a diferenciação do produto ou serviço para que pareça superior ao dos concorrentes e seja visto como uma escolha melhor.

Peter Drucker disse certa vez: "O objetivo do marketing é tornar a venda desnecessária". A Apple é um exemplo perfeito. Quando ela anuncia um novo produto ou serviço, as pessoas fazem a fila dar a volta no quarteirão e dormem na rua para serem os primeiros compradores. Não há necessidade de convencê-las a comprar os produtos. Como a qualidade da reputação da Apple é tão excelente, os produtos são "vendidos" pelo simples anúncio de lançamento.

VANTAGEM COMPETITIVA

Outro termo para diferenciação é "vantagem competitiva". Às vezes, nós nos referimos à área de diferenciação como "área de excelência". Michael Porter da Harvard Business School refere-se à necessidade de desenvolver uma fonte de "valor agregado exclusivo" que oferece aos clientes algo que valorizem e estejam dispostos a pagar, e que nenhum outro concorrente possa oferecer.

Qual é a sua vantagem competitiva? O que torna os seus produtos ou serviços superiores aos dos seus concorrentes? Qual é o valor agregado exclusivo que seus clientes recebem quando compram de você que ninguém mais pode oferecer? A capacidade de fazer e responder essas perguntas é talvez a parte mais importante da estratégia empresarial.

SELECIONE O CLIENTE IDEAL

O terceiro princípio da estratégia de marketing é a *segmentação*. Muitos especialistas acreditam que tudo em marketing hoje é segmentação. Trata-se do desenvolvimento da clareza absoluta sobre os clientes específicos que mais apreciam as qualidades do produto ou serviço de acordo com a área de especialização.

A segmentação foi abordada no Capítulo 8 quando fizemos a pergunta: "Quem de fato é o seu cliente perfeito?". A resposta a essa pergunta é: a pessoa que mais valoriza a sua área de especialização e que mais deseja a experiência do valor agregado único oferecida por você. O cliente ideal é aquele que comprará mais rapidamente e apresentará a menor resistência ao preço.

Uma estratégia é identificar o mercado-alvo, o cliente perfeito e, em seguida, concentrar-se unicamente em ser a escolha superior das pessoas nesse segmento de mercado na categoria de produto ou serviço representada por você.

Outra estratégia, se você não estiver vendendo tanto quanto deseja para os clientes atuais, é *mudar de cliente*. Encontre ou desenvolva um novo cliente que aprecie mais as qualidades especiais das suas ofertas de produtos ou serviços.

Quanto mais clareza na descrição do cliente ideal para o seu negócio, mais fácil será organizar toda a publicidade e as promoções destinadas precisamente ao cliente que você pretende atrair e que mais aprecia o que você tem a oferecer.

FOCO E CONCENTRAÇÃO

O quarto princípio estratégico do marketing é a *concentração*. Depois de se especializar, diferenciar e segmentar, dedique 100% de seus recursos para focar e se concentrar nos melhores e mais lucrativos clientes em potencial para o seu negócio.

Ao desenvolver um excelente produto ou serviço e identificar claramente os melhores clientes que podem comprá-lo, e o farão a preços lucrativos para você, concentre-se exclusivamente em dominar esse segmento de mercado.

Ou, como Alexandre disse às suas tropas na Batalha de Gaugamela, “Mate Dario. Mate Dario. Mate Dario”.

- ONZE -

CONCENTRE-SE NO QUE VOCÊ FAZ BEM

AO DISCUTIR sobre estratégia militar, falamos sobre o princípio da massa, isto é, a capacidade do general de potencializar todas as forças em um único lugar e em um único momento para alcançar a vitória, muitas vezes contra todas as probabilidades. Você pode fazer o mesmo.

Bill Gates Júnior, Warren Buffett e Bill Gates Sênior estavam em um jantar. Enquanto conversavam, um dos convidados veio até eles e fez a seguinte pergunta: "Os senhores representam algumas das pessoas mais bem-sucedidas do mundo. Qual seria a qualidade mais importante para se obter sucesso nos dias de hoje, na opinião de vocês?".

Os três homens interromperam a conversa, voltaram-se para o convidado e responderam simultaneamente: "Foco!".

Todos os três concordaram que a capacidade de se concentrar em uma coisa de cada vez era absolutamente essencial para o sucesso em um mundo de atividade e turbulência incessantes, constantes e de intermináveis distrações que exigem a atenção de todas as pessoas. O foco é a chave.

A REGRA 80/20 REVISITADA

Quando falamos de concentração de poder ou foco, pensamos novamente na regra 80/20. Ela diz que 20% das coisas que você faz serão responsáveis por 80% dos resultados. Essa regra, que remonta a Vilfredo Pareto em 1895 e agora é chamada de "Princípio de Pareto", era verdadeira na época e ainda é agora.

Como você não pode fazer tudo, é preciso se concentrar nas poucas coisas que pode fazer bem e que representam o maior potencial empresarial, trazendo mais resultados financeiros. Toda estratégia empresarial gira em torno da reunião de poderes. É preciso se concentrar e alavancar os pontos fortes para alcançar a máxima vantagem no mercado.

LUCRO A PARTIR DO *CORE BUSINESS*

No excelente livro de Chris Zook e James Allen, *Lucro a partir do core business*, os autores mostram que empresas de sucesso são as que dominam um mercado central altamente lucrativo e, em seguida, expandem cuidadosamente apenas para os mercados próximos em que já possuem um alto nível de conhecimento e experiência.

Segundo eles, a regra 80/20 parece se aplicar a isso. 80% dos lucros vêm de 20% dos produtos ou serviços oferecidos de forma excelente, enquanto 80% das atividades de negócios são responsáveis por apenas 20% dos lucros. É preciso sempre estudar o próprio negócio e perguntar a si mesmo: "Quais são os 20% das minhas atividades que correspondem aos 80% do valor de todas elas?".

Quais são os seus produtos e serviços mais lucrativos? O que representam hoje? O que poderiam representar amanhã? Quem são os seus clientes mais importantes e valiosos hoje? Quem poderia ser seu melhor cliente amanhã, e como você poderia atraí-lo e fidelizá-lo?

Uma das maiores fraquezas que temos no mundo empresarial hoje é a tendência de "distribuir nossas forças". Como Jack Trout disse em *O poder da simplicidade*, "Um dos nossos maiores problemas empresariais é que oferecemos muitos produtos e serviços por muitos preços diferentes, para muitos clientes diferentes e em muitos mercados diferentes".

Quando Steve Jobs voltou para a Apple em 1996, a empresa produzia 104 produtos diferentes e estava com sérios problemas financeiros. Havia apenas dinheiro suficiente para durar mais 90 dias. Uma das primeiras coisas que Jobs fez foi anunciar que a Apple descontinuaria 100 dos 104 produtos, o mais rápido possível. Ao fazer isso, ele liberou recursos financeiros e pessoal (engenheiros e desenvolvedores) para focar na "próxima grande coisa", que acabou sendo o iPod.

O restante é história. Em poucos anos, a Apple tornou-se a empresa mais valiosa do mundo.

Foco e concentração nas maiores oportunidades e áreas de maior potencial de lucro sempre foram as chaves para o sucesso financeiro empresarial.

CAPACIDADES DISTINTAS

Uma nova pesquisa da Kellogg School da Northwestern University of Management mostra que focar em uma coisa que você faz bem, apoiado pelo que os pesquisadores chamam de "capacidades distintas", é o novo caminho para a vantagem competitiva.

Antigamente, as empresas líderes eram conglomerados com a simples estratégia de "tornarem-se grandes e poderosas": acumulavam ativos e usavam o tamanho e o alcance para construir economias de escala imbatíveis, encontrando crescimento de curto prazo e lucratividade onde fosse possível no escopo das enormes operações.

O poder do conglomerado não é a estratégia das melhores empresas de hoje. "Elas não seguem o portfólio tradicional das estratégias de busca de lucratividade ou de crescimento de curto prazo quando possível", escreveram os pesquisadores da Kellogg na edição de agosto de 2014 da revista *Strategy+Business*. "Pelo contrário, reconhecem que o valor é criado por suas capacidades distintas: pelo que podem fazer consistentemente bem".

A Amazon faz três coisas bem: tecnologia de informações de classe mundial, distribuição de produtos e sistema automatizado de recomendação de clientes. Essas capacidades são os pilares sobre os quais foi construído o império da Amazon.

A Apple também faz apenas três coisas bem: percepções sobre o que os consumidores desejam, design amigo do consumidor e integração tecnológica. Integração tecnológica significa a habilidade de fazer os produtos funcionarem em conjunto; assim é possível conectar seu iPhone ao computador, por exemplo. Essas três coisas são suficientes para a Apple revolucionar a forma como usamos nossos telefones e como ouvimos música.

Onde você deve concentrar o tempo, o dinheiro e os recursos hoje para ter muito sucesso no mercado atual? Seja qual for a resposta, não demore. Faça isso agora. Como Winston Churchill disse: "Se você não agir quando tiver chance de vitória, terá que agir quando não tiver mais chance alguma".

- DOZE -

MOVIMENTOS DE ADJACÊNCIA

A MELHOR ESTRATÉGIA é focar no que você faz bem, concentrando-se em apenas alguns negócios principais com base em habilidades principais. Para expandir a empresa, será preciso ir além disso. Muitas empresas caem na armadilha de expandir para negócios muito distantes das suas principais atividades, pois não têm a experiência, os recursos nem uma marca de renome para ter sucesso.

Em *Além das fronteiras do core business*, a sequência do livro *Lucro a partir do core business*, Chris Zook explica que as empresas precisam crescer movendo-se para áreas adjacentes, que se baseiam nos recursos do negócio principal.

TRÊS VERDADES

O Walmart abriu o Sam's Club, lojas de descontos de grandes volumes. A American Airlines desenvolveu o sistema automatizado de reservas de voos, o Sabre. A Nike mudou de sapatos para roupas esportivas. A expansão da empresa Rent-A-Car se deu a partir do *leasing*[1] de carros para o aluguel de carros para concessionárias. Todas essas empresas são exemplos de movimentos de adjacência baseados nos negócios principais.

Nem todos os movimentos de adjacência são bem-sucedidos. Enquanto o Walmart expandiu para além das lojas tradicionais, a expansão de adjacência do Kmart em lojas de varejo de livros e artigos esportivos foi um fracasso.

Segundo Zook, estratégias de adjacência serão bem-sucedidas se seguirem três verdades:

1. Serem construídas sobre os núcleos mais fortes das empresas.

2. Terem uma característica repetível.

3. Envolverem os clientes fortes.

Uma fórmula repetível é um dos elementos mais poderosos da estratégia de adjacência. A Nike passou de um esporte para outro e mais outro, sempre seguindo o mesmo padrão. A fórmula repetível na maioria dos casos é construída sobre as percepções dos clientes que podem ser aplicadas a diferentes produtos ou segmentos. Essas percepções incluem a compreensão e a avaliação do custo e do lucro dos clientes, compras relacionadas a eventos do ciclo de vida e oportunidades de captura de valor. As estratégias de captura de valor podem ser particularmente bem-sucedidas. Se os clientes compram o produto da sua empresa, por que não comprariam esse segundo produto relacionado a ele?

---

[1] Arrendamento mercantil. [N. R.]

FONTES DE LUCRO

Ao trazer clientes para áreas adjacentes, é importante que elas representem uma fonte de lucro significativa, diz Zook. Em outras palavras, há um grande potencial de lucro. Quando a IBM mudou o foco e passou da orientação ao produto para serviços com a criação da IBM Global Services, percebeu que, em comparação com as vendas de hardware, os serviços de tecnologia da informação representavam uma chance maior de lucros elevados. Onde estão suas fontes de lucro inexploradas? Estão intimamente relacionadas com o que você faz bem em seu negócio principal?

Tome cuidado para não cair no que parece ser uma boa fonte de lucro na qual há poucas chances de sucesso. Antes de seguir em frente, faça a si mesmo as seguintes perguntas:

- Você está confundindo um grande mercado com uma fonte de lucro?
- A fonte de lucros é controlada por um titular poderoso? Você está subestimando a força desse líder de mercado?
- Você entende a causa raiz do poder de mercado nessa fonte de lucros?
- Você está subestimando a forma como a concorrência em tal fonte de lucros pode mudar no futuro?

A velocidade é importante, mas a pressa gera o desperdício. Faça o dever de casa. Evite fazer suposições sem embasamento. Não subestime os obstáculos.

- TREZE -

TENHA UMA ESTRATÉGIA DE DESINVESTIMENTO

UMA ESTRATÉGIA é bem-sucedida quando concentra esforços e tempo naquilo que se faz muito bem. O planejamento estratégico não diz respeito apenas ao que você precisa começar a fazer com base em escolhas estratégicas, mas também ao que precisa parar de fazer.

Lembre-se, para começar algo novo, é preciso parar de fazer alguma coisa velha. *Seu prato está bem cheio.* Seus recursos já estão sendo tributados de maneira integral, se é que não estão sendo tributados em excesso. Para fazer alguma coisa nova no futuro, é preciso liberar tempo e recursos, descontinuando as coisas feitas hoje.

A estratégia de desinvestimento significa que você precisa se livrar do ontem antes de ir para o amanhã. O que você precisará retirar, cortar, remover ou eliminar por completo? Uma das regras básicas do pensamento estratégico é nunca iniciar algo novo até ter se livrado de algo velho. Nunca expanda para uma nova área até que tenha se desfeito de algo em uma mais antiga.

O QUE É PRECISO REDUZIR, DESCONTINUAR OU ELIMINAR?

Quais são suas principais fraquezas? Existem muitas partes do seu negócio em que você está ativo, mas nunca conseguiu se tornar o líder de mercado. O custo para atingir o domínio do mercado é muito alto e/ou sua concorrência é muito forte, com produtos e serviços de alta qualidade.

Uma das chaves para o foco e a concentração é ter a visão e a coragem de abandonar certos produtos, serviços e mercados em que a superioridade não é possível de ser alcançada. Como Jack Welch disse: "Se você não tiver uma vantagem competitiva, não entre na competição".

A diretriz estratégica revolucionária para a GE foi: "Vamos ser o número um ou o número dois em todos os mercados, ou abandonar completamente esse mercado e nos concentrar onde pudermos ser o número um ou o número dois".

Admitir que você tem pontos fortes e fracos em qualquer área é um importante passo à frente. Decidir recuar ou abandonar um mercado em que você não pode alcançar a vitória costuma ser a decisão estratégica mais inteligente de todas.

A LEI DA ALTERNATIVA EXCLUÍDA

A Lei da Alternativa Excluída diz que "fazer uma coisa significa não fazer todas as outras que poderiam ser feitas ao mesmo tempo".

Isso significa que, ao escolher fazer uma coisa, você estará simultaneamente escolhendo *não fazer* mais nenhuma outra naquele momento, pelo menos não com essa mesma quantia de dinheiro. Às vezes, o que você escolhe não fazer é absolutamente essencial para que possa concentrar seus poderes onde será possível obter mais sucesso.

EGO GERENCIAL

Às vezes, empresas falham por conta do ego gerencial. Isso acontece quando o tomador de decisão investe seu ego em um curso de ação que não dá certo, em uma pessoa que obviamente não pode fazer o trabalho, ou em um produto ou serviço que não está vendendo.

Quando as empresas investem no ego gerencial, muitas vezes usam os melhores vendedores, profissionais de marketing e os maiores orçamentos de publicidade para se concentrar na venda de um produto ou serviço que não é mais bem-sucedido ou, pior ainda, que nunca foi bem-sucedido. Contudo, porque alguém pensou nesse produto e deu o sinal verde para ele, recursos são desperdiçados.

Há um ditado que diz o seguinte: "Se o cavalo estiver morto, saia!".

Essa máxima segue a Law of Holes (Lei dos buracos, em tradução literal): "Se você estiver em um buraco, pare de cavar". A solução não é cavar mais ainda o buraco do fracasso e da frustração, mas começar a cavar em outro lugar — e começar a seguir, ou tentar um curso de ação diferente.

- CATORZE -

PENSAMENTO DE BASE ZERO

O PENSAMENTO DE BASE ZERO é uma das ferramentas mais poderosas que podem ser usadas no planejamento estratégico e em toda a sua carreira. O conceito vem do orçamento de base zero, o qual propõe traçar uma linha sob cada item no final de cada período contábil, fazendo em seguida a pergunta: "Em vez de determinar se deveríamos gastar mais ou menos nessa área, será que deveríamos gastar mesmo com ela?".

No pensamento de base zero, você usa a mesma abordagem, afasta-se e olha para cada parte do seu negócio e vida pessoal, e faz a pergunta: "Se eu não estivesse fazendo isso no momento, sabendo o que agora sei, eu me envolveria nessa área novamente?".

Chamamos isso de análise SOQAS (Sabendo O Que Agora Sei). Sabendo o que agora sei, há algo que esteja fazendo hoje, que não faria de novo, se tivesse que fazer novamente? Em tempos de turbulência e mudanças rápidas, há quase sempre um exemplo em seu negócio ou vida pessoal. Há sempre vários exemplos. Existem muitas coisas que você está fazendo hoje e que não começaria novamente se tivesse que fazê-las de novo.

CUIDADO COM A ZONA DE CONFORTO

Um dos maiores inimigos do sucesso é a "zona de conforto". As pessoas se sentem confortáveis fazendo certas coisas de uma certa forma e acabam resistindo a qualquer mudança. Isso as leva a continuar fazendo as coisas erradas, mesmo quando sabem que estão erradas, muito depois do tempo em que deveriam ter parado e tentado algo novo.

Criar o futuro muitas vezes significa abandonar o *passado*. Começar algo novo geralmente significa ter que abandonar alguma coisa velha. Entrar em algo pela primeira vez normalmente denota ter que sair de outras coisas para liberar tempo e recursos. O pensamento de base zero é uma ferramenta essencial para manter a mente limpa e liberar o pensamento para o futuro.

FAÇA AS PERGUNTAS-CHAVE

Quando fazemos o planejamento estratégico para empresas, o primeiro exercício em que nos envolvemos é percorrer o negócio sistematicamente com a análise SOQAS:

1. Há algo em seu negócio que, sabendo o que agora sabe, você não faria novamente, se tivesse que fazer tudo de novo?

2. Há algum produto ou serviço que não traria ao mercado novamente, sabendo o que agora sabe?

3. Há algum processo empresarial, investimento ou metodologia que, sabendo o que agora sabe, não faria de novo hoje?

4. Há alguma pessoa em seu negócio que, sabendo o que agora sabe, você não contrataria de novo?

5. Há algum investimento de tempo, dinheiro ou emoção que você fez ou está fazendo atualmente que, sabendo o que agora sabe, não faria hoje de novo?

DETERMINE OS CUSTOS IRRECUPERÁVEIS

Existe um princípio na contabilidade chamado "custo irrecuperável", que se refere a um custo em que o dinheiro foi perdido *para sempre*. Isso nunca pode ser recuperado. É como uma bigorna jogada de um navio no meio do oceano. Ela afundará, desaparecerá para sempre e não poderá ser recuperada.

Muitas despesas ou investimentos de tempo ou dinheiro nos negócios são custos irrecuperáveis. Foram perdidos para sempre. O problema ocorre quando as pessoas continuam a "desperdiçar dinheiro depois de projetos ruins" e a investir tempo, dinheiro e recursos em um produto, serviço ou área de atividade, esforçando-se para, de alguma forma, recuperar o valor já investido. Contudo, isso não é possível. O dinheiro, o tempo ou a emoção se foram para sempre. Isso é um custo irrecuperável.

Seu trabalho é focar nas oportunidades de amanhã em vez de se permitir ficar preocupado com os problemas ou com as más decisões do passado. Seu trabalho é pensar sobre o *futuro* que pode controlar e tomar uma atitude, em vez de pensar em eventos passados sobre os quais não há controle e que não podem ser mudados.

DECISÕES CERTAS OU ERRADAS

Que porcentagem de suas decisões empresariais você acha que estarão erradas com o tempo? De acordo com um estudo da American Management Association, e com entrevistas com milhares de gerentes, 70% das decisões empresariais acabam se tornando erradas ao longo do tempo. Podem ser um pouco erradas, muito erradas ou completamente desastrosas.

Isso significa que você provavelmente estará errado 70% ou mais do tempo. Lembre-se de que 70% é uma média. Algumas pessoas estão acima e algumas abaixo dessa média.

Uma das estratégias mais importantes para o sucesso empresarial é a decisão de reduzir as perdas. Quando perceber que tomou uma decisão ruim, em vez de gastar mais dinheiro e recursos na tentativa de recuperar as perdas, aceite, corte-as e siga em frente. Pratique o pensamento de base zero.

COMO SABER?

Como é possível saber se estamos lidando com uma situação de pensamento de base zero? Simples: estresse. Sempre que experimentar estresse crônico, que não vai embora e o preocupa e vive aparecendo nas conversas, muitas vezes o mantendo acordado à noite, é possível que você esteja enfrentando uma situação de pensamento de base zero.

Seu trabalho é ter a *coragem* necessária para enfrentar a situação e fazer o que sabe que tem que ser feito.

Não faça jogos com a própria mente. Não deseje nem espere que as coisas melhorem ou que o problema desapareça. Ter esperança não é uma estratégia.

Em vez disso, olhe para a situação estressante e pergunte: "Se eu não estivesse agora nesta situação, sabendo o que agora sei, entraria nisso de novo hoje?".

Se a resposta for "Não!", então a próxima pergunta é: "Como sair desta situação o mais rápido possível?".

É MUITO TARDE

É simples, se você admitir que não passaria por uma situação em particular novamente caso fosse preciso, já é tarde demais para mudá-la. Acabou. Nada pode ser feito. Tornou-se um custo irrecuperável. A única questão agora é, quanto tempo você esperará para acabar com essa situação, e quanto está disposto a pagar em termos de tempo adicional, dinheiro e emoção?

Há um provérbio turco que diz: "Não importa quanto tempo você foi longe no caminho errado, volte atrás".

Tenha a coragem e a honestidade de praticar o pensamento de base zero em cada parte de sua vida para depois seguir para aonde a resposta levar você. Se uma pessoa ou um produto não deu certo, e é claro que a situação não melhorará, reduza as perdas. Acabe com a situação e siga em frente.

Assuma o controle de sua vida e do seu futuro. Tome uma decisão. Mas não espere nem reze para que, de alguma forma, a situação seja revertida e fique melhor. Isso praticamente nunca acontece.

- QUINZE -

ADOTE UMA POSTURA OFENSIVA

ALEXANDRE QUASE sempre lutou contra inimigos, cujas forças eram superiores. Ele não podia assumir uma posição defensiva e esperar o inimigo cercar e sobrepor seu pequeno exército. Para dominar o campo de batalha, ele precisava sempre pensar em atacar, avançar e levar a luta até o inimigo.

Nos negócios, a estratégia da ofensiva exige lançar continuamente produtos e serviços novos, melhores, mais rápidos, baratos e fáceis de usar. Apresente novas tecnologias e novos métodos de marketing e vendas; mude as estratégias de preços e a estrutura de custos. Forme empreendimentos conjuntos e alianças estratégicas com outras empresas e organizações que permitam dar entrada em diferentes mercados e superar a concorrência.

INOVAÇÃO DO MODELO EMPRESARIAL

Uma das áreas mais interessantes do pensamento empresarial hoje gira em torno da inovação do modelo empresarial. Muitas empresas ainda estão tentando sobreviver e prosperar usando um modelo empresarial que pode até ter sido apropriado há alguns anos, mas que não funciona mais hoje.

Qual é o seu modelo empresarial atual? É o modelo adequado para o seu negócio no ambiente contemporâneo?

Existe uma maneira simples de testar se o modelo empresarial é apropriado para hoje. Verifique se ele leva a um *crescimento contínuo, consistente e previsível nas vendas e na lucratividade*. Se o seu negócio continuar a crescer de forma saudável, o modelo empresarial provavelmente é apropriado. Caso contrário, talvez seja a hora de questioná-lo.

UMA MANEIRA MELHOR: PRODUTO GRATUITO

Em vez de investir seu ego na forma como as coisas estão sendo feitas agora, esteja sempre aberto à possibilidade de seguir um caminho melhor. Um exercício útil é pensar em fazer coisas exatamente opostas as que estão sendo feitas hoje. Abra a mente para toda uma gama de possibilidades que pode não ter visto antes.

Em seu livro *Free: the future of a radical price*, o autor Chris Anderson aponta que, às vezes, a melhor maneira de vender mais do mesmo produto a preços mais altos é oferecê-lo inteiramente, ou em parte, sem custo para atrair clientes e demonstrar a atratividade das ofertas.

DISTRIBUIR?

O livro de 2014 de Gary Vaynerchuk, *Nocaute*, mostra como as empresas, especialmente as baseadas na Internet, podem desenvolver negócios de forma bem rápida ao oferecer três produtos grátis de uma vez antes de colocá-los à venda.

Para pessoas e empresas acostumadas a cobrar desde a primeira decisão do cliente, a ideia de oferecer produtos ou serviços gratuitos para construir credibilidade e confiança em um mercado altamente competitivo pode parecer um pouco radical. Ainda assim, cada vez mais empresas estão gerando milhões e milhões de dólares em vendas usando o modelo "dar para receber".

ASSUMA A LIDERANÇA EM QUALIDADE

Em um estudo da revista Inc. de 2013 sobre as 500 pequenas e médias empresas que mais crescem nos Estados Unidos, os pesquisadores concluíram que o melhor lugar para investir dinheiro para aumentar o negócio está voltado para melhorar a qualidade do produto ou serviço de alguma forma. Isso traria efeitos mais previsíveis e consistentes no aumento de vendas e da lucratividade do que qualquer outra coisa que pudesse ser feita.

O fato é que a qualidade é uma estratégia de marketing *ofensiva*. A qualidade é uma estratégia de lucro. Os líderes de qualidade em todos os campos também são as empresas mais lucrativas em todos os campos. Hoje, a loja de varejo de maior faturamento do mundo por metro quadrado é a Tiffany & Co. A segunda é a Apple. As duas empresas são líderes reconhecidos de qualidade em seus setores. Qual a classificação da sua empresa?

REINVENTE-SE

No livro *The road to reinvention*, o autor Josh Linkner mostra como empresas podem adotar uma postura ofensiva e se reinventar. Isso não significa apenas ter um plano de recuo, mas tomar a iniciativa e mudar a empresa antes mesmo que os concorrentes os tenham em mira. Linkner apresenta oito princípios a serem seguidos se você quiser reinventar com sucesso a sua empresa:

1. *Deixe o passado de lado.* O que está feito, está feito. Podemos aprender algumas lições com o passado, mas depois é preciso deixar as coisas para trás.

2. *Incentive a coragem.* Não puna os funcionários ou gerentes quando quiserem tentar algo diferente. Recompense-os.

3. *Abrace o fracasso.* As pessoas nunca tentarão algo novo se tiverem medo de falhar. Aprendemos as lições que constroem o sucesso do futuro por meio das falhas.

4. *Faça o oposto.* Já mencionei essa estratégia antes, e Linkner concorda. Seja ilógico. Faça o inesperado. Você ficará surpreso com o que pode acontecer.

5. *Imagine as possibilidades.* Feche os olhos. Esqueça os obstáculos e as barreiras, tire-os da cabeça. O que você vê?

6. *Saia do ramo.* Muitas empresas têm medo de canibalizar seus produtos. Pensam que, se um novo produto for oferecido, clientes deixarão de comprar os antigos. Isso é uma armadilha, pois, se você consegue criar um novo produto para substituir o antigo, a concorrência também pode. Canibalize seus produtos, ou alguém fará isso em seu lugar.

7. *Rejeite limites.* Sempre haverá opositores. Ninguém fez algo significativo sem que alguém dissesse que aquilo não poderia ser feito. Decida que os limites não se aplicam a você.

8. *Mire além*. Espere ansiosamente; olhe além do que está acontecendo agora para o que acontecerá no futuro. Preveja as tendências.

DEPOIS DO FOGO

Pense no seu negócio como um pacote de recursos e capacidades que podem ser usados para criar e vender muitos produtos e serviços, mas não necessariamente nos que está vendendo hoje.

Imagine que você chegou ao trabalho certa manhã e a empresa tinha pegado fogo durante a noite. Por sorte, nenhum dos seus funcionários estava no prédio, mas todo o restante foi perdido.

Agora é preciso começar o negócio quase do zero. Isso o deixa com uma série de perguntas a serem respondidas:

- Quais produtos e serviços gostaria de começar a fabricar e vender, e quais produtos, sabendo o que sabe agora, decidiria não produzir?

- Quais clientes deseja tentar alcançar, e quais, sabendo o que sabe agora, decidiria não tentar reconquistar?

- Quais funcionários levaria consigo para o novo negócio e quais se recusaria a manter?

Agora que você aplicou a mentalidade de começar do zero, não espere pelo fogo. Faça a mudança e surpreenda os concorrentes com uma empresa reinventada.

- DEZESSEIS -

A FLEXIBILIDADE GANHA

NO CAPÍTULO 2, falei sobre o princípio da manobra, que nos negócios significa manter a flexibilidade para inovar e responder rapidamente a tudo o que acontece no ambiente.

A aplicação do princípio da manobra requer que você preveja possíveis acontecimentos e estabeleça posições de retirada. Você se prepara para avançar, retroceder e caminhar de forma lateral no mercado, se necessário. Você decide nunca ficar preso a um único plano sem flexibilidade ou alternativa, mantendo sempre o caminho aberto para novas opções.

EVITE O PENSAMENTO LIMITADO

Dario tinha apenas um plano: usar suas carruagens para desmoralizar o exército macedônio. Dessa forma, seus homens marchariam para frente, envolvendo as tropas macedônias já desacreditadas, oprimindo-as e destruindo-as. Ele venceria. Contudo, quando as carruagens não deram certo, Dario não tinha um plano de recuo. Isso custou-lhe o maior império que o mundo já tinha visto até aquela data.

Alexandre tinha um plano alternativo se as carruagens de Dario conseguissem chegar ao seu exército. Seus homens estavam preparados para manobrar rapidamente, formando colunas e criando uma ampla passagem para que os carros e os cavaleiros pudessem passar na parte de trás do exército, onde as tropas especiais estavam esperando para cortá-los em pedaços.

PREPARAR PLANOS DE CONTINGÊNCIA

A Shell é uma das empresas mais bem-sucedidas no mundo. Possui atividades de extração de petróleo e gás em uma centena de países, combinadas com oleodutos para obter gás e petróleo para navios e refinarias. Possui navios para transportar o combustível para mercados e até postos de gasolina que englobam os países em que a Shell opera, vendendo o produto final ao motorista na bomba.

A Shell também é famosa pelo "planejamento de contingência". Ao longo dos anos, a empresa desenvolveu mais de seiscentos planos de contingência para qualquer contratempo ou emergência que pudesse ocorrer em qualquer lugar do mundo e que afetasse as operações de qualquer forma. Não importa o que aconteça em termos de guerras, revoluções, ataques terroristas, fechamento de rotas de navios, queda de governos, revogação de contratos com os governos para cortar o fornecimento de gás, petróleo ou mercados em determinada área, a Shell tem um plano desenvolvido para isso.

OPERAÇÕES FLEXÍVEIS

Antigamente a estratégia de crescimento das operações seguia apenas uma direção: crescer. Essa foi a melhor maneira de obter o máximo de produtividade e de reduzir os custos unitários. Quanto maior, melhor. Dez caminhões basculantes de 100 toneladas, usando dez motoristas, carregam a mesma quantidade de carga que cem caminhões basculantes de dez toneladas, que exigem 100 motoristas. Então, cresça até chegar nos caminhões basculantes de 100 toneladas o mais rápido possível.

Pelo menos, essa era a velha maneira de pensar. Contudo, de acordo com os professores Garrett van Ryzin da Columbia Business School e Klaus Lackner, da Escola da Universidade de Columbia de Engenharia e Ciências Aplicadas, a velha forma de pensar pode não ser a mais eficiente. A nova automação e a tecnologia de comunicação estão mudando as regras. Agora um grande número de pequenas unidades pode ser melhor do que um pequeno número de grandes unidades, porque introduzem um novo nível de flexibilidade.

Observe o exemplo. O cloro é um produto químico amplamente usado na indústria. O problema é que também é muito perigoso para transportar. De acordo com as regras antigas, os fabricantes alcançariam economias de escala construindo enormes fábricas de cloro para economizar dinheiro com mão de obra e outros custos. Entretanto, por causa da automação e da tecnologia utilizadas hoje, os custos de mão de obra nessas fábricas são baixos. Por outro lado, um número menor de fábricas significa transporte perigoso por longas distâncias. Então, em vez de construir grandes fábricas, os fabricantes de cloro estão construindo fábricas de cloro muito pequenas que são automatizadas e monitoradas remotamente.

DIMINUINDO O TAMANHO

Van Ryzin e Lackner listam os benefícios de rejeitar a velha estratégia de economia de escala na produção industrial:

- *Redução de risco.* Desastres industriais de grande escala são menos prováveis.

- *Flexibilidade financeira.* As grandes fábricas frequentemente funcionam abaixo da capacidade. Construa uma pequena fábrica. Depois, quando precisar, construa outra pequena fábrica.

- *Flexibilidade operacional.* Se suas necessidades diminuírem, fica mais fácil deixar uma pequena fábrica completamente offline. Se você tiver apenas algumas fábricas maiores, terá que mantê-las abertas.

- *Flexibilidade geográfica.* É possível dispersar uma série de pequenas fábricas para locais próximos às fontes de oferta e demanda.

Diminuir o tamanho e tornar-se flexível, quando todos os outros do setor ainda estão pensando que ser maior é melhor, é uma maneira importante de superar os concorrentes.

- DEZESSETE -

CRIE NOVOS MERCADOS

ESSA É UMA ESTRATÉGIA arriscada que pode levar a grandes recompensas: criar um novo mercado. A melhor maneira de criar um novo mercado é encontrar um problema primeiro. Existem problemas para os quais não há soluções. A solução é o novo mercado. Minivans enchem nossas estradas hoje, mas não faz muito tempo que o mercado de minivans não existia. A Chrysler, reconhecendo que os furgões de tamanho normal estavam se tornando menos populares, viu a necessidade de uma versão reduzida. Assim nasceu um novo mercado muito lucrativo.

QUATRO CAMINHOS

No livro *Creating and Dominating New Markets*, Peter Meyer dá quatro caminhos para criar e dominar novos mercados.

Caminho 1. Crie um novo produto para um conjunto de clientes desconhecidos. Esse é o caminho mais arriscado:

criar um novo produto para um novo conjunto de clientes. Você não tem experiência nem conhecimento sobre o que construir; portanto, começa do zero. Não é impossível ter sucesso se acertar no problema certo. Quando a Netscape criou um navegador web, e um novo produto foi criado para clientes desconhecidos, a maioria das pessoas não usava a Internet na época. Havia pessoas suficientes para finalmente usar a Internet e tornar o navegador lucrativo? A Netscape criou o produto certo para navegar pela Internet? Em retrospectiva, as respostas são óbvias, mas no início do processo, foi preciso fazer os investimentos com pouca noção do resultado.

Caminho 2. Crie um novo produto para um conjunto de clientes conhecidos. O segundo caminho tem uma grande vantagem sobre o primeiro porque há um pouco de conhecimento e experiência sobre o que construir, especificamente com base em seu histórico com o cliente. Você conhece ou tem uma boa ideia do que os clientes querem ou desejarão.

Caminho 3. Crie um produto conhecido para um conjunto de clientes conhecidos. Embora esse possa parecer o caminho mais fácil, na verdade é bastante difícil, pois, para criar um novo mercado é preciso romper com o que foi feito no passado. Muitas vezes, empresas não criam de fato um novo mercado, apenas uma variação de um já existente, basicamente não fazendo nada além de uma ramificação.

Caminho 4. Crie um produto conhecido para um conjunto de clientes desconhecidos. Aqui, como no segundo caminho, há a vantagem de construir com um pouco de conhecimento, mas com espaço para inovar. Como resultado, os riscos são reduzidos. Você sabe que o produto foi vendido para clientes anteriores, então as chances de sucesso com novos clientes são maiores.

O fator de sucesso mais importante na criação de novos mercados é fazer perguntas aos seus clientes. O objetivo não é perguntar a eles sobre os produtos, mas sobre os problemas. Se você perguntar sobre os produtos, eles enquadrarão o problema nesse contexto. O objetivo, no entanto, é encontrar ideias para novos produtos. Deixe que os clientes descrevam o que consideram ser a melhor solução para os problemas; pois ela apontará para novos produtos ou serviços.

FATORES-CHAVE DE SUCESSO

Criar novos mercados não é uma estratégia para quem procura vitórias fáceis. Mas você pode aumentar as chances de sucesso, de acordo com Meyer, se seguir as seguintes diretrizes:

- *Deixe o cliente dar a direção.* Os mercados orientados para o cliente têm mais chance de sucesso do que os orientados para fornecedores, porque os clientes geralmente sabem o que querem e o que não querem.

- *Siga os caminhos mais fáceis.* Se puder, vá para os caminhos 2 ou 4. Construa sobre algo já existente (um produto conhecido ou um cliente conhecido).

- *Não persiga todas as oportunidades.* Nem toda oportunidade valerá a atenção, especialmente se estiver diluindo seus esforços.

- *Construa equipes multifuncionais.* Um novo mercado nunca será da alçada de apenas uma função. Todos precisam estar envolvidos.

ESTRATÉGIA DO OCEANO AZUL

O conceito da estratégia do oceano azul, desenvolvido pelos professores W. Chan Kim e Renée Mauborgne, baseia-se na ideia de que a maioria das empresas luta em uma parte do oceano que está cheia de concorrentes e a competição sangrenta (metaforicamente falando) torna essa parte do oceano vermelha. Todos os setores de hoje são oceanos vermelhos. Em vez de lutar contra a concorrência, uma estratégia melhor é criar o próprio mercado: encontrar um oceano onde não há concorrentes.

Para isso, Kim e Mauborgne apresentam diferentes ferramentas e conceitos no famoso livro, *A estratégia do oceano azul*. No coração dessa estratégia está a "inovação de valor", descrita como a "busca simultânea de diferenciação e baixo custo". Diferenciação é o que os clientes querem; valor, aos olhos do cliente, é a "utilidade" do produto menos o preço. Baixo custo é o que as empresas querem; valor para empresas é o preço menos o custo para criar o produto.

A inovação de valor reduz os custos e elimina os fatores sobre os quais a indústria compete, mas aumenta o valor criando fatores sobre os quais a indústria não compete. Por exemplo, os concorrentes tradicionais da Canon vendiam copiadoras grandes e duráveis aos compradores corporativos. A Canon teve a ideia de mudar o comprador; em vez de se concentrar em compradores corporativos, decidiu focar nas pessoas que usavam as copiadoras, os assistentes administrativos. Subitamente, os principais fatores competitivos mudaram, e o setor de copiadoras de mesa, um oceano azul cintilante, nasceu.

- DEZOITO -

ESCOLHA A CONCORRÊNCIA

ESCOLHER A ESTRATÉGIA significa escolher o concorrente. Ele determina o nível de vendas, os preços, a lucratividade, a participação de mercado e a forma, rápida ou lenta, como você cresce.

Na guerra, dizem que nenhuma estratégia é possível sem consideração do inimigo – saber quem é o inimigo e o que o inimigo provavelmente fará. O mesmo acontece nos negócios. No trabalho de Michael Porter sobre vantagem competitiva em Harvard, ele aponta que a resposta competitiva às atividades de marketing, ou o que os concorrentes provavelmente farão, deve ser uma consideração principal em todo o planejamento estratégico.

IDENTIFIQUE OS CONCORRENTES

Quem ou o que é o concorrente para o seu produto ou serviço hoje? Quem são seus principais concorrentes? Quem são seus menores concorrentes?

O que *mais* é seu concorrente? Já que você está pedindo que um cliente em potencial lhe entregue uma certa quantia de dinheiro a fim de adquirir um determinado benefício ou vantagem, onde mais seu cliente em potencial pode gastar a mesma quantidade de dinheiro para obter uma vantagem ou um benefício igual ou melhor? Essa é uma questão extremamente importante.

Quando eu trabalhava com a Carnival Cruise Lines, perguntei aos executivos da empresa quais outras linhas de cruzeiros eram suas concorrentes. Eles me explicaram que não possuíam concorrentes. O negócio de cruzeiros foi crescendo e continuou a crescer à medida que cada vez mais pessoas passaram a fazer cada vez mais cruzeiros em todo o mundo.

O principal concorrente, explicaram, eram as "férias no continente", pois eram o principal substituto ou alternativa para férias em navios. Dessa forma, era preciso posicionar um cruzeiro como algo superior a férias em qualquer lugar do continente.

QUALQUER USO ALTERNATIVO DE FUNDOS

Qualquer gasto alternativo da quantia de dinheiro pedida ao cliente também é um concorrente. Como Sam Walton disse uma vez: "Temos apenas um chefe: o cliente. E os clientes podem nos demitir a qualquer momento apenas decidindo gastar o dinheiro em outro lugar".

Onde mais um cliente em potencial poderia gastar a mesma quantia de dinheiro para obter um nível igual ou superior de benefício ou satisfação? Como você pode se posicionar para que o produto ou serviço oferecido seja uma escolha superior para um cliente que tem a opção de gastá-lo em outro lugar?

ESCOLHA O CONCORRENTE

Escolher o produto ou serviço significa escolher o concorrente também. Muitas vezes, você pode mudar o ramo decidindo competir com outra organização. Mudar o concorrente pode levar a uma mudança completa no negócio.

Depois de identificar os concorrentes maiores e menores, sente-se e analise os pontos fortes e fracos deles. Analise os seus próprios pontos fortes e fracos. Onde você está vulnerável a seus concorrentes? Onde eles estão vulneráveis a você?

POSICIONE-SE COMO A ESCOLHA SUPERIOR

Como você poderia posicionar seus produtos ou serviços de tal maneira que sejam claramente superiores aos de seus concorrentes? O que poderia fazer mais ou menos para melhorar a atratividade da oferta em comparação aos concorrentes? O que poderia começar a fazer (ou parar de fazer) para tornar seus produtos ou serviços mais atraentes do que os dos concorrentes?

Seja objetivo ao responder essas perguntas. Não apenas diga a si mesmo que você é melhor que seus concorrentes. Sente-se e escreva respostas cuidadosamente detalhadas para essas questões. Em seguida, faça uma pesquisa de mercado entre os clientes e potenciais clientes para se certificar de que está correto em suas conclusões.

O único teste real da precisão de suas conclusões é um teste de mercado. Você só saberá com certeza que está fazendo e oferecendo a combinação certa de benefícios e preços quando desfrutar de um aumento constante nas vendas e na lucratividade no negócio.

- DEZENOVE -

ENVOLVA TODA A EMPRESA

AO IMPLEMENTAR uma estratégia, toda a empresa deve trabalhar em conjunto e sem problemas. Todos devem acreditar na estratégia e saber o que isso significa para o trabalho e as atividades. Todos os objetivos e processos das diferentes partes da empresa devem estar alinhados. Trata-se do princípio da ação combinada. O exército de Alexandre era conhecido por ser uma força de luta unida, os soldados sempre prontos para apoiar uns aos outros na batalha.

Em contraste, o exército de Dario era composto de muitas fontes díspares, em termos de costumes, línguas, tradições militares, níveis de treinamento e oficiais; alguns dos quais não falavam as línguas dos outros ao redor. Quando o exército começou a desmoronar, não havia coesão de equipe ou unidade de comando para mantê-los juntos como uma única força de combate. O resultado foi desastroso.

A mesma unidade em nome do todo deve permear os setores da empresa. Todos devem se dedicar a realizar a estratégia de trabalho, e isso significa que todos os funcionários devem ser dedicados, ajudando uns aos outros a alcançarem seus objetivos.

Apoiando-se prontamente e sendo completamente dedicados e leais à empresa, os funcionários formam uma "força de combate" unida, o que lhes dá uma enorme vantagem sobre os concorrentes em seus mercados. Juntamente com altos níveis de trabalho em equipe, todos passam a ser totalmente engajados no trabalho. Como resultado, há mais criatividade e inovação, a moral fica mais elevada e o relacionamento entre eles melhora. As pessoas passam a apresentar um maior espírito de solidariedade.

UNIDADES EMPRESARIAIS TRABALHANDO JUNTAS

É muito provável que seu negócio apresente diferentes unidades empresariais, divisões ou mesmo subsidiárias. Uma estratégia empresarial pode tropeçar se houver pouca integração entre as diferentes partes da estrutura. No livro *Fazendo a estratégia funcionar*, o professor Lawrence G. Hrebiniak descreve três tarefas ou decisões que devem ser tomadas em relação à integração.

Primeiro, que tipo de *interdependência* se deve ter entre as unidades? Existem três tipos de interdependência. A agrupada é o mais baixo de todos os níveis. Há pouca coordenação. As unidades são independentes e autodirigidas. A interdependência sequencial requer um pouco mais de coordenação e cooperação porque o que acontece em uma unidade acaba afetando a outra. A interdependência recíproca é o mais alto nível de conexão e cooperação. Cada unidade interage e depende das outras.

Segundo, como é possível garantir que as unidades estejam compartilhando informações e transferindo conhecimento? É difícil exagerar a importância da comunicação. Saiba com quem você está falando e certifique-se de que entendam e apreciem o conhecimento que estão recebendo. Às vezes, questões técnicas não são totalmente explicadas. Outras vezes, pode ser um problema cultural.

Terceiro, a responsabilidade e a prestação de contas foram bem claras? Se as pessoas não sabem pelo que são responsáveis, não espere que façam o trabalho. Coordenação e cooperação não são possíveis sem responsabilidade e prestação de contas.

MOTIVE OS FUNCIONÁRIOS

Para envolver todos os colaboradores na estratégia da empresa, é preciso definir os incentivos certos. De acordo com Hrebiniak, é essencial criar incentivos que não desmotivem as pessoas (os incentivos despertam a necessidade de conquista?); que alimentem e orientem a motivação, mas não tentem criá-la (isso não funciona); que estejam atrelados a objetivos estratégicos; e que recompensem as coisas certas.

É preciso motivar funcionários e gerentes, para isso, contudo, faz-se necessário ter um sistema de controles, diz Hrebiniak. Os controles fornecerão o feedback necessário sobre o nível de apoio ativo do pessoal em relação à estratégia. Para certificar-se de que os controles estão funcionando de forma eficaz:

- Recompense os realizadores.
- Encare os fatos.

- Esclareça a responsabilidade e a prestação de contas.
- Obtenha informações oportunas e pertinentes.
- Aumente as responsabilidades de liderança, modelando os comportamentos corretos e estabelecendo um relacionamento honesto com os subordinados.
- Conduza uma revisão da estratégia, que esclareça e defina os objetivos relacionados à execução.

INCORPORANDO A ESTRATÉGIA EM TODA A EMPRESA

O objetivo é incorporar a estratégia na empresa. Isso significa que a maioria dos funcionários deve entendê-la, aceitá-la e apoiá-la.

Alguns líderes de negócios tentam incorporar a estratégia por mensagem "em cascata" no gráfico da organização. Os CEOs conversam diretamente com a equipe de gerentes de alto escalão, que por sua vez, conversa com gerentes de nível médio, que conversam com os subordinados diretos de nível inferior, que conversam com supervisores, e assim sucessivamente até chegar aos funcionários da linha de frente.

Para conseguir a adesão dos funcionários, faça mais do que propagar uma mensagem para o pessoal. Fale com eles diretamente. O trabalho do professor Charles Galunic, com base em 60 mil respostas a uma pesquisa enviada a mais de 350 empresas, mostra que os funcionários realmente não acreditam ou não compram a ideia da estratégia que é comunicada pelos supervisores. Eles querem ouvir a estratégia diretamente da alta administração. Também querem saber que os comentários e pensamentos sejam ouvidos pelos principais gerentes.

O professor Galunic apresenta duas razões pelas quais a comunicação direta dos gerentes seniores é importante. Primeiro, objetivos estratégicos e diretos nem sempre são fáceis de comunicar, e como a estratégia é passada de uma pessoa para outra, é provável que se tornem mais confusos e truncados. Lembre-se: clareza é essencial. Não confunda a mensagem fazendo-a passar por uma série de gerentes.

Em segundo lugar, as pessoas levarão mais a sério a conversa dos altos executivos. Se o CEO está tendo tempo de falar diretamente com os funcionários da linha de frente, eles sabem que o assunto é importante.

- VINTE -

A ESTRUTURA ORGANIZACIONAL FAZ A DIFERENÇA

COMO A SUA EMPRESA está estruturada? As decisões são tomadas de forma centralizada ou delegadas para unidades de negócios e subsidiárias? Você tem operações espalhadas pelo mundo ou está agrupado em um local, com todos sob o mesmo teto: da produção às vendas e marketing?

Quando os líderes empresariais pensam em estratégia, pensam muito também sobre desenvolvimento de produtos, vendas e marketing. Mas a estrutura da empresa pode fazer uma grande diferença no que se refere à implementação bem-sucedida da estratégia.

Lawrence Hrebiniak, professor da Wharton, escreve sobre a importância de conectar a estratégia com a estrutura. Se a estrutura não estiver alinhada com a estratégia, até mesmo a melhor estratégia pode falhar.

Hrebiniak pergunta: que partes da estratégia impactarão a estrutura escolhida? E quais partes da estrutura são importantes na execução da estratégia?

Por exemplo, se você fabrica uma commodity, a estratégia será baseada em se tornar um produtor de baixo custo. Nesse caso, a estrutura destina-se a obter economias de escala e de escopo. O que pode ser padronizado? Como pode reduzir custos? Quais tarefas podem se tornar repetíveis?

Se a estratégia for tornar-se uma empresa especializada, fazendo algo para um determinado tipo de cliente, ou se houver um foco geográfico, então é mais provável descentralizar em diferentes unidades empresariais. Contudo, ainda é preciso coordenar as unidades descentralizadas.

Se for uma estratégia de diferenciação (veja o capítulo 10), então deve-se criar diferentes divisões empresariais para o seu produto de ponta ou de qualidade inferior.

Para operações globais, a estrutura deve ser capaz de suportar os produtos mundiais, mas, ao mesmo tempo, é preciso ter em conta as diferentes preferências geográficas. Nesse caso, uma organização matricial é uma boa estrutura: concentre-se horizontalmente nos produtos e verticalmente nos diversos mercados geográficos.

A DECISÃO DA CENTRALIZAÇÃO

A pergunta que a maioria das empresas tem que fazer é a seguinte: você centraliza ou não? Você passa as decisões da organização para as divisões ou unidades empresariais, ou as mantém na sede?

Um artigo da *McKinsey Quarterly* identificou três perguntas a serem feitas ao tomar a decisão da centralização. Se houver uma resposta "não" para todas as três, a empresa não deve centralizar. Uma resposta "sim", no entanto, é suficiente para avançar com a centralização.

1. *A centralização é obrigatória?* Em outras palavras, é requerida? Existem certas decisões que por lei têm que ser tomadas pelo CEO. Mas, para a maioria das decisões, quem lida com isso é a empresa.

2. *A centralização gera valor significativo?* Se você for tirar algo dos chefes da unidade empresarial, precisa apresentar uma boa razão financeira. O artigo da *McKinsey Quarterly* sugere 10% de retorno sobre a decisão.

3. *Os riscos são baixos?* Se você respondeu "não" às duas primeiras perguntas, então a única razão para avançar com a centralização é porque há pouco risco dos típicos efeitos colaterais ruins da centralização (por exemplo, a iniciativa sufocada ou a incapacidade de adaptar os produtos aos mercados locais).

A estratégia é formulada pelo topo da empresa, mas deve ser adotada por todos da organização. No capítulo anterior, observamos que é melhor que a alta administração se comunique diretamente com todos os níveis da organização. Mas quando se trata de implementar a estratégia, centralizar as decisões relacionadas a ela deve ser algo feito com muito cuidado. A não ser que responda "sim" às três perguntas anteriores, coloque a implementação diária da estratégia nas mãos dos líderes da divisão e da unidade empresarial. Contudo, mantenha contato próximo caso ela saia do caminho por qualquer motivo.

- VINTE E UM -

AS CINCO FASES DA FORMULAÇÃO DE ESTRATÉGIA E IMPLEMENTAÇÃO

BENJAMIN TREGOE, cofundador da consultoria global da empresa Kepner-Tregoe, e o presidente da empresa, Mike Freedman, desenvolveram as cinco fases da formulação estratégica e implementação. Essas cinco fases oferecem uma boa visão geral da jornada estratégica.

A primeira é a *coleta de inteligência estratégica e análise*. Como mencionei anteriormente, estratégia tem a ver com responder perguntas. Na primeira fase de Freedman e Tregoe, é preciso saber quais perguntas fazer antes de qualquer coisa, e então encontrar os dados que ajudarão a respondê-las. Há mais dados disponíveis do que nunca atualmente. O truque é saber quais usar e quais ignorar.

Encontre dados que o ajudarão a descobrir as tendências e suposições sobre o negócio. Quaisquer outros dados devem ser ignorados.

Ao pensar no futuro do seu negócio, comece com o ambiente externo. Quais são as tendências na sociedade, no governo, na política, na tecnologia e na economia, que são relevantes para você? Em seguida, veja as tendências que afetam os jogadores-chave: seus clientes e fornecedores. Olhe para a cadeia de valor. Como será diferente no futuro? Quais fatores-chave de sucesso serão necessários? Como o setor mudará?

OLHE PARA DENTRO

Em seguida, reúna os dados que o ajudam a ver as tendências relacionadas aos fatores internos da empresa. O que vende bem, o que não, e por quê? Quais clientes e mercados foram bem-sucedidos, e por quê?

Faça uma dissecção das estratégias anteriores. Quais funcionaram e quais não? Quais receberam apoio dos funcionários e das outras partes interessadas, e quais não? As estratégias anteriores foram bem implementadas?

O objetivo é obter todos os dados necessários para construir o fundamento das quatro etapas restantes da formulação e da implementação da estratégia. Nessa fase, é preciso ter as informações para apresentar algumas suposições sobre a aparência dos ambientes internos e externos no futuro, e o que é preciso ser feito para se obter sucesso. Dessa forma, será possível identificar problemas potenciais pelo caminho, mas também oportunidades potenciais.

A segunda fase é a *formulação da estratégia*, ou seja, a escolha da estratégia a ser seguida. Comece com o prazo. Uma estratégia deve ter uma conclusão. Quando se pensa em termos de futuro, de que período se está falando?

O período de tempo dependerá de forças internas e externas da organização. Novas regulamentações ou mudanças no setor o forçarão a alcançar as estratégias dentro de um determinado prazo.

Um segundo fator determinante são as crenças básicas da organização. A estratégia deve ocorrer no contexto de valores e crenças da empresa. As crenças orientam o comportamento e as práticas cotidianas, construindo a cultura da organização.

FORÇA MOTRIZ

Assim que tiver os parâmetros de um período e conhecer as crenças básicas, é preciso decidir sobre a força motriz; ela está no centro da fase de formulação de Kepner-Tregoe. É a força motriz que diz quais produtos e serviços serão oferecidos e quais mercados servirão (ou não). Descrevi a força motriz em detalhes no capítulo 9.

Depois de escolher a força motriz, é preciso alinhar os produtos e serviços e os mercados-alvo com ela. Não queira atacar os novos produtos e os novos mercados ao mesmo tempo. Deixe a força motriz definir as novas prioridades, mantendo as áreas de sucesso. A força motriz do produto ou serviço significa que são bem-sucedidos. O crescimento fará com que sejam vendidos em novos mercados. A força motriz das necessidades do mercado exige concentração em relação a eles e talvez o encontro de novos produtos ou serviços.

O próximo passo é estabelecer as metas financeiras para a estratégia. O que você espera em termos de ROI (retorno sobre investimentos) ou lucros? Quais serão suas receitas?

A MATRIZ PRODUTO/MERCADO

Conclua a segunda fase (formulação da estratégia) com a criação de uma matriz de produto/mercado. Liste os produtos atuais, modificados, e os novos horizontalmente a partir do topo, além de todos os mercados atuais, modificados e novos verticalmente para cada um dos produtos. Em cada campo, decida o grau de ênfase (de "alto" a "não aplicável" ou "não prosseguir"). Esse é um modelo de roteiro para o perfil estratégico.

Em seguida, passe para a terceira fase: *planejamento* do *projeto principal de estratégia*. Nessa fase, crie uma lista de projetos-chave em potencial (incluindo projetos-chave existentes, como atualização de TI) com base no perfil estratégico e na matriz produto/mercado da fase 2, analise e priorize cada projeto em potencial. Esse conjunto de projetos será o plano de ação para a estratégia.

IMPLEMENTAÇÃO ESTRATÉGICA

A quarta fase de Freedman e Tregoe é a *implementação estratégica*. Essa é a parte difícil. Preste atenção aos detalhes à medida que os projetos são lançados (e acrescente mais projetos conforme mais recursos forem disponibilizados). Tudo impactará a implementação. A organização da estrutura está certa (ver capítulo 20)? A informação atinge o público-alvo?

Uma questão importante a ser examinada nessa fase é a cultura. Existe alinhamento entre a cultura e a estratégia? Os valores e crenças da empresa apoiam as decisões tomadas sobre os produtos, mercados e objetivos financeiros? Olhe para as metas de desempenho. As pessoas estão sendo recompensadas de uma maneira que as incentive atingir os objetivos estratégicos definidos?

A comunicação é a peça final do quebra-cabeça da implementação (veja o capítulo 19). Se a estratégia não for comunicada com sucesso, ela morrerá antes mesmo de nascer.

MONITORE, REVISE, ATUALIZE

A quinta fase envolve *o monitoramento, a revisão e a atualização contínua* da estratégia. Nunca desista. A estratégia pode estar indo muito bem e, em seguida, sair do trilho por não receber a devida atenção. As pessoas estão alcançando os objetivos estratégicos? Os projetos estratégicos são realizados em tempo hábil, e os resultados esperados estão sendo produzidos? As coisas mudam. Se algo no ambiente mudar, é preciso rever algumas das decisões estratégicas anteriores. Algumas das suposições feitas quando a estratégia estava sendo criada também podem se revelar erradas. Nesse caso, é preciso ajustá-las ou talvez seguir uma direção diferente.

Lembre-se: o trabalho de um estrategista nunca termina.

Esta obra foi composta em *Swift Neue LT Pro*
e impressa por Gráfica Expressão e Arte sobre papel
Polen Bold 70 g/m² para Editora Hábito.